HERMANN HELLER
(1891–1933)

JÜDISCHE MINIATUREN
Herausgegeben von Hermann Simon

BD. 293 HERMANN HELLER

Alle „Jüdische Miniaturen" sind auch im Abonnement beim Verlag erhältlich.

Die Deutsche Nationalbibliothek verzeichnet diese Publikation in der Deutschen Nationalbibliografie; detaillierte Daten sind im Internet über https://portal.dnb.de/ abrufbar.

Inh. Dr. Nora Pester
Haus des Buches, Gerichtsweg 28
04103 Leipzig
info@hentrichhentrich.de
http://www.hentrichhentrich.de

Korrektorat: Lea Wyrwal
Gestaltung: Michaela Weber
Druck: Winterwork, Borsdorf

1. Auflage 2023

Printed in Germany
ISBN 978-3-95565-531-0

THILO SCHOLLE

HERMANN HELLER

BEGRÜNDER DES SOZIALEN RECHTSSTAATS

Die Drucklegung wurde gefördert durch

Inhalt

Einleitung

Aufgabe der Staatslehre ist es, die Funktion des Staates innerhalb der konkreten gesellschaftlichen Wirklichkeit zu erforschen.[1]

Zu den vielen großen Herausforderungen der Weimarer Republik gehörte die Entwicklung einer demokratischen und republikanischen Verfassungslehre. Zwar hatte es auch im Kaiserreich liberale Staatsrechtslehrer und Debatten über Fragen des Staatsrechts und des Rechtsstaats gegeben – die praktische Ausgestaltung einer demokratisch-parlamentarischen Verfassungsordnung hatte allerdings im politischen Raum kaum zur Debatte gestanden. Hinzu kam, dass für Anhänger der Sozialdemokratie schon der Zugang zu juristischen Berufen schwierig war – im Bereich der Rechtswissenschaft fand man sie so gut wie nicht.
Hermann Heller betrat etwa im Jahr 1920 die Bühne der öffentlichen Debatten um die Interpretation und zunehmend auch um die Verteidigung der republikanischen Staatsordnung. Als öffentlicher Intellektueller gehörte er zu den „schillerndsten Vertretern"[2] unter den Weimarer Demokraten. Im Mittelpunkt seines Denkens stand die vor dem Hintergrund der großen gesellschaftlichen und sozialen Antagonismen der Zeit zentrale Frage, was eine republikanische

Gesellschaftordung rechtlich und tatsächlich zusammenhält. In diesem Kontext prägte Heller den Begriff des „sozialen Rechtsstaats“ – und legte damit zugleich einen wichtigen Grundstein für verfassungsrechtliche Anschlüsse in der Bundesrepublik nach dem Ende des Nationalsozialismus und des Zweiten Weltkriegs. Heller ging es nicht um die Entwicklung abstrakter und allgemeingültiger Staatstheorien. Staat sollte als Ausdrucksform von gesellschaftlichen Widersprüchen[3] und als ein Stück Selbstorganisation von Gesellschaft begriffen werden. Im diesem Sinne ist ein Blick auf die Wechselbeziehungen zwischen Sozialstruktur und Verfassungsstruktur zentral.[4] Innerhalb der universitären Staatsrechtslehre gehörte Heller zur äußersten Linken, vor allem auch weil er die Weimarer Verfassung als einen Klassenkompromiss verstand, der Möglichkeiten hin zu einer „sozialistischen“ Gesellschaftsordnung offen hielt: „Weil die Weimarer Reichsverfassung – auch in der inneren Widersprüchlichkeit vieler ihrer Artikel – ihrem Ausgangspunkt nach – trotz des geschichtlichen Tatbestandes, dass ihrer Verabschiedung in einer Nationalversammlung der Sieg der Freikorps über die Arbeiterklasse in einem der großen Industriebezirke nach dem anderen vorausgegangen war – noch die Verfassung eines demokratischen Rechtsstaates sein wollte, der den Übergang zum sozialistischen Rechtsstaat erlaubt und ermöglicht, hielt sich Heller mit Recht – anders als die damalige Mehrheit der Mitglieder der ‚Vereinigung der deutschen Staatsrechtslehrer' – für einen ihrer der Verfassung treuesten Interpreten."[5]

Herkunft

Hermann Ignaz Heller wurde am 17. Juli 1891 in Teschen an der Olsa geboren. Die damals zum Habsburgerreich gehörende Stadt liegt heute teils auf polnischem, teils auf tschechischem Gebiet. Hellers Eltern waren Juden, der Vater Dr. Jakob Heller als Rechtsanwalt vor Ort niedergelassen. Zur Verwandtschaft mütterlicherseits gehörte der deutschnationale Jurist und Politiker Josef Redlich (1869–1936). Hermann Heller wuchs im deutschsprachigen Milieu der Stadt auf und blieb Zeit seines Lebens durch eine starke Verbundenheit zu dem deutschen Sprach- und Kulturraum geprägt. Nach dem Abitur studierte Heller in Wien, Graz, Innsbruck und Kiel Rechts- und Staatswissenschaften. Bei Kriegsausbruch 1914 zum österreichisch-ungarischen Militär eingezogen, diente er bis November 1915 an der russischen Front als Artillerist und nahm an mehreren schweren Gefechten teil. Der Verlauf eines der Gefechte zwang ihn, eine Nacht in einem Wasserloch zu verbringen. Als Folge zog Heller

Hermann Heller als 16-Jähriger

Hermann Heller mit seiner Schwester Margot

sich schweren Gelenkrheumatismus sowie eine Herzmuskelentzündung zu. Seinen Kriegsdienst leistete er anschließend bis Kriegsende in der Militärgerichtsbarkeit bei verschiedenen Feldgerichten. Am 18. Dezember 1915 konnte Heller während eines Urlaubs eine „Kriegspromotion" ohne schriftliche Dissertation an der Universität Graz ablegen. Hellers Bruder Fritz fiel im Krieg in Russland. Zum Geschwisterkreis Hermann Hellers gehörte zudem die Schwester Margot. Nach Kriegsende ließ Heller sich in Leipzig nieder. Hier begann er – neben der vermutlich bereits während des Krieges begonnenen Arbeit an einer

Hermann Heller mit Freunden

Habilitationsschrift – auch erste Texte zur politischen Bildung zu veröffentlichen. So verfasste er eine Einführung zu Ferdinand Lassalles „Arbeiterprogramm" für eine Schriftenreihe des Reclam-Verlags. In diese Zeit fallen zudem Hellers erste Kontakte zur Arbeiterbewegung. So wurde er zu Vorträgen vor Buchdruckern des Reclam-Verlags u. a. zu den Themen „Parlamentarismus", „Parteienlehre" sowie „Entwurf einer Reichsverfassung" eingeladen.

Hermann Heller als Feldwebel der österreichischen Armee im Ersten Weltkrieg

Volkshochschule und Arbeiterbildung

Die Habilitationsschrift schloss Heller allerdings nicht in Leipzig ab, sondern reichte sie in Kiel ein, wo er am 10. März 1920 die Venia Legendi für Rechtsphilosophie, Staatslehre und Staatsrecht erhielt. In Kiel entwickelte sich zudem eine enge persönliche und politisch-wissenschaftliche Beziehung zu Gustav Radbruch (1878–1949), der an der dortigen Universität als Professor für Strafrecht und Rechtsphilosophie wirkte. Radbruch zählte zu den wenigen Professoren, die sich in dieser Zeit offen zur Sozialdemokratie bekannten. Als ethischer Sozialist spielte Radbruch während der Weimarer Republik nicht nur eine wichtige Rolle als öffentlicher Intellektueller, sondern setzte als Reichsjustizminister wichtige Reformen durch. Am Vorabend seiner Habilitation war auch Hermann Heller der SPD beigetreten. Dabei formulierte er nach eigenen Angaben einen ausdrücklichen Vorbehalt gegen den „Internationalismus" und „Historischen Materialismus" in der politischen Programmatik der SPD. In seiner Habilitationsschrift sucht Heller insbesondere den theoretischen Anschluss an das Denken Georg Friedrich Wilhelm Hegels, in welchem er einen entscheidenden Vordenker der theoretisch-politischen Entwicklung des Nationalstaats erkannte: Dessen Bedeutung habe vor allem in der „Überführung des

Hermann Heller

kulturnationalen Geistes in den machtnationalen“[6] Geist bestanden. Der Staat sei bei Hegel „sittlicher Selbstzweck“ und absorbiere deshalb auch alle Ethik schon in seinem Dasein: „Nach außen (…) gibt es nun keine Sittlichkeit mehr, hier tritt der Staat als reine normfreie Macht in die Erscheinung, indem hier gerade dasjenige sittlich wird, was Hegel für das Individuum am heftigsten bekämpft: die Freiheit zu tun, was das zum Staat geeinte Volk will.“[7] An Stelle des abstrakten Rechts wolle Hegel im Staatsinnern einen sittlichen Zusammenhang der Mitglieder, damit die Rechtsmacht des Staates nicht als Imperativ von außen, sondern als innerliche Norm erscheine.[8] Warum Heller dies politisch relevant findet, wird in einem weiteren Text aus demselben Jahr deutlich, in dem er schreibt, Hegels Machtstaatsideologie habe sich zu einer der stärksten Triebkräfte bei der Entwicklung der „national deutschen Macht“ entwickelt.[9] Es sei das Verdienst von Karl Marx gewesen, das Bewusstsein von Hegels politischer Größe wachgehalten zu haben. Mit Hegel teile Marx vor allem den unerschütterlichen Glauben an die Vernunft in der Geschichte der Menschheitsentwicklung.[10] Mit seiner Idee eines ökonomisch-technischen Unterbaus der Gesellschaft habe Marx geglaubt, seine Lehre auf einer kausalen statt einer teleologischen Notwendigkeit wie bei Hegel gründen und deshalb für die Verwirklichung dieser naturgesetzlichen Entwicklung auf die Mitwirkung aller Ideologie verzichten zu können. Sowohl die revolutionäre Bewegung von 1918 wie auch die „Ideen von 1914“ seien aber von Hegel geprägt. Beide Richtungen hätten eine Einkehr im Geiste Hegels nötig, denn auf beide habe die intellektuelle Hybris eines materialistischen Zeitalters nachdrücklich abgefärbt: „Deutscher Nationalstaatsgedanke und deutscher Sozialismus führen beide ihren Stammbaum auf Hegel zurück. Kein würdigeres Denkmal vermögen sie ihrem Ahnherren zu errichten, als wenn sie den gemeinsamen Weg finden zur Verwirklichung des durch Marx und Lassalle vertieften Gedankens eines zu neuer nationaler Macht organisierten deutschen Gesamtvolkes.“[11]

Nur wenige Tage nach Parteibeitritt und Habilitation brach sich die politische Unruhe der frühen Weimarer Republik Bahn. Im Zuge des Kapp-Putsches vom 13. März 1920 engagierten sich Radbruch und Heller in Kiel auf Seiten der den Putsch bekämpfenden Arbeiter.[12] Heller übernahm u. a. die Aufgabe, mit einigen Arbeitern auf der Reichswerft in Kiel Waffen zu organisieren, was mit dem Auftreiben einiger Gewehre wohl eher mäßig gelang. Der Versuch, mit den gegen die Werft vorgehenden putschenden Truppen zu verhandeln, schlug fehl. Der kommandierende Konteradmiral Magnus von Levetzow betrachtete sich als ausführendes Organ der rechtmäßigen Regierung Kapp und ließ Radbruch und Heller während der Verhandlungen verhaften. Sein Versuch, beide wegen „Organisation des bewaffneten Widerstands" vor ein Kriegsgericht zu stellen, scheiterte jedoch. Heller war darüber hinaus als „Führer eines bewaffneten Haufens" angezeigt worden. Aufgrund der rechtlichen Bedenken eines juristischen Beraters der Marineeinheit verzögerte sich der Prozess, sodass Radbruch und Heller nach dem Zusammenbruch des Putsches am 18. März wieder freikamen. Später stellte sich heraus, dass gegen beide bereits Todesurteile vorlagen. Heller und Radbruch engagierten sich zudem in der Volkshochschulbewegung. In der gemeinsam veröffentlichten Broschüre „Volkshochschule und Weltanschauung" skizzierte Heller seine Vorstellungen zu „Gestalt und Ziel der deutschen Volkshochschule": Bildung sei erlebtes Wissen. Dieses erfordere zunächst den Besitz einer geistigen Welt aus festen Daten, Kunst und Wissen. Dieses erlange aber nur dann einen „wahrhaften Bildungswert", wenn es auch persönlich gedeutet werde: „Sich bilden heißt, sein Glauben und Wissen zu einer mehr oder minder einheitlichen Gesamtanschauung seiner Welt zusammenzuschließen."[13] Dies umfasst für Heller auch das Bewusstsein innerer Widersprüche. Die Volkshochschule solle zudem die Parteischule der Arbeiterbewegung nicht

Hermann Heller, 1921

überflüssig machen: „Alles Ausbilden zum politisch-wissenschaftlichen Kampf ums Dasein gehört seiner Natur nach der Parteibildung. Alle Bildungsarbeit, die nicht unmittelbar für Machtzwecke, sondern ‚um ihrer selbst' getrieben wird, gehört auf die Volkshochschule."[14]

Über Hellers Privatleben ist wenig bekannt. In Kiel heiratete er am 24. Dezember 1920 Gertrud Falke (1891–1984), die Tochter des Schriftstellers Gustav Falke (1853–1916). In der Weimarer Republik erlangte sie als Tänzerin öffentliche Bekanntheit. Der Maler Ernst Oppler hielt ihren Tanzstil in einer kleinen Broschüre in acht Radierungen fest. In seiner knappen Einleitung schreibt Hans W. Fischer über den Tanzstil Falkes: „So sah ich Gertrud Falke zum erstenmal in ihren frühen Tänzen: ein schönes dunkles Mädchen, großäugig, den Nachglanz einer behüteten Kindheit auf der reinen Stirn. Mit dem Eifer frischerworbenen Könnens, entschlossen und kraftvoller, als man von der zarten Erscheinung erwartete, akzentuierte sie die rhythmische Bewegung. Erst allmählich löste sich das Gefühl: bis auf einmal (...) die völlige Befreiung vollzogen ward. Hier spürte man sofort letztes Bekenntnis. Wie eine glitzernde Arabeske auf die stumpfe Fläche des Hintergrunds geheftet, rang sie sich los in den Raum, gewann Körper, flog, wirbelte: es war ein Lichtwerden aus der Dämmerung, ein

Hermann Heller und Gertrud Falke, Wien im Juli 1922

Wirklichwerden aus dem Traum."[15] Als erstes Kind wurde am 11. April 1923 die Tochter Hinde geboren. Am 13. Juli 1927 folgte mit Monika eine weitere Tochter, am 21. Juli 1930 der Sohn Lukas.

Im April 1921 wechselte Heller zurück nach Leipzig und begann für die städtischen Leipziger Bücherhallen zu arbeiten. Zu Hellers Aufgaben gehörte unter anderem die Begutachtung und Besprechung von Büchern, die in den Leihverkehr aufgenommen werden sollten.[16] Ein Jahr später erfolgte ein beruflicher Aufstieg: Zum 1. April 1922 übernahm Heller die Leitung der Volkshochschule sowie des Amtes für Volksbildung der Stadt Leipzig.[17] In den kommenden zwei Jahren sollte Heller hier entscheidende Impulse zur Entwicklung der „Leipziger Richtung" in der Volkshochschulbewegung setzen. Zielgruppe der Angebote waren vor allem junge Arbeiterinnen und Arbeiter. Mit dem von Heller an der örtlichen Universität mit aufgebauten und vom Kultur- und Sozialphilosophen Theodor Litt geleiteten „Seminar für freies Volksbildungswesen" verfügte Leipzig zudem über die einzige universitäre Einrichtung in der Weimarer Republik, deren Schwerpunkt auf der Erwachsenenbildung lag.[18] Mit der „Schule der Arbeit" entwickelte Heller eine Einrichtung, die „die reale kapitalistische Betriebsverfassung und die reale kapitalistische Massenproduktion zum Gegenstand der Bildungsarbeit machen (sollte), ohne mit dem Hinweis auf den Stand der Technik und auf das Problem der Eigentumsverhältnisse auf einen idealistischen Diskurs über Arbeit auszuweichen“[19]. Die innere Verwaltung sollte autonom sein – mit ausschlaggebender Stimme beim pädagogischen Leiter: „Arbeiterbildung hat danach den Zweck, die Gesetze der kapitalistischen Produktion kennenzulernen und demokratisch zu verändern.“[20] Zu Hellers wichtigsten Mitarbeiterinnen in Leipzig gehörte Gertrud Hermes (1872–1942), die von 1922 bis 1933 in verschiedenen Funktionen im Volksbildungsamt angestellt war.[21] Unter anderem übernahm sie die Leitung des ersten Volkshochschulheims, einer weiteren von Heller mit vorangetriebenen Einrichtung, in der junge Arbeiterinnen und Arbeiter gemeinsam mit einer pädagogischen Kraft lebten und sich nach der Arbeit Bildungsfragen zuwandten: „Ohne den starken Gemeinschafts- und Bildungswillen der sozialistischen Jugend der frühen 20er Jahre wären diese Volkshochschulheime nicht denkbar gewesen. In einem Heim hatten zeitweilig nur noch zwei Schüler Arbeit, und unterstützten die anderen mit ihrem wenigen Geld.“[22] Ihre im Jahr 1926 erschienene Monografie „Die geistige Gestalt des marxistischen Arbeiters und die Arbeiterbildungsfrage“ widmete sie Hermann Heller, dem sie für die „Arbeitskameradschaft dreier Jahre“ dankte, die die geistige Grundlage dieses Werkes und ein immerwährender Kraftquell gewesen sei.[23] Mit Auflösung des Volksbildungsamtes am 13. März 1933 wurde Gertrud Hermes, bereits kurz vor dem Rentenalter stehend, von den neuen Machthabern entlassen.

Zu den von Heller selbst angebotenen Bildungsformaten gehörte beispielsweise eine „Jugendarbeitsgemeinschaft", deren Ziel die „freie Aussprache über die gesellschaftlichen Fragen der Gegenwart" war. Die Gruppe aus jungen Männern und Frauen zwischen 18 und 25 Jahren traf sich im Wintersemester 1922 wöchentlich abends, wobei die Teilnehmenden aus unterschiedlichen Organisationen stammten. Neben Jungsozialisten gehörten auch Wandervögel, Jungdemokraten, die christliche Jugend und einige „utopische Kommunisten" zu der Gruppe. Heller leitete die Treffen durch kurze Ausführungen ein, bewegte sich aber dann zwischen den Hörerinnen und Hörern im Raum und versuchte, die Diskussion anzuregen. Als inhaltlicher roter Faden diente die „Kulturlehre des Sozialismus" von Gustav Radbruch.[24] Heller sei ein Vorbild für gute und offene Aussprache und sachliche Auseinandersetzung gewesen, zudem habe er sich um eine mit den Teilnehmenden denkende, anschauliche und lebendige Sprache bemüht: „Das politische Gespräch unseres Kurses hielt die Mitte zwischen Theorie und Praxis, Ideologie und Wirklichkeit.

Es blieb weder in platten Nützlichkeitsfragen des Alltags stecken noch verlor es sich in uferloser Problematik oder negativer Kritik.“[25] Eine intensive Schilderung von Hellers öffentlicher Wirkung findet sich auch in den Erinnerungen von Fritz Borinski, in Leipzig intensiver Besucher von Hellers Seminaren und Veranstaltungen: „Im September 1922 veranstaltete die Stadt Leipzig eine Jugendherbergswoche und rief die Bünde und Gruppen der Jugend-bewegung zu einem friedlichen Umzug auf die Straße. Sie zogen mit ihren Fahnen und Wimpeln, mit Klampfen und Geigen singend durch das Innere der Stadt und versammelten sich dann im großen Saal eines Theaters, um ihre Woche zu eröffnen. Den Festvortrag sollte der neue Leiter des frisch geschaffenen Volksbildungsamtes halten: Hermann Heller. Da sah ich Heller zum ersten Mal: auf dem Katheder stand eine hohe, schlanke Gestalt, straff, voller Lebenskraft und Temperament, ein sicherer, seine Hörer packender, dramatisch wirkender Redner. Er sprach nicht wie ein würdiger, wohl etablierter Festredner von Amts wegen, sondern im unmittelbaren Kontakt mit der Jugend, ein Freund unter Freunden. Da war nichts Lehrhaftes und nichts von Amtswürde, sondern ein Aufruf der freien und frohen Jugend, der sie ermutigte zu ihrem Leben als freie autonome Jugend. Dann steigerte sich seine Stimme. Sie wurde mahnend, warnend.

Sie warnte vor dem Überschwang des Gefühls, vor dem irrationalistischen Rausch, der den Geist verachtet, und er zitierte den Mephisto im ‚Faust': ‚Verachte nur Vernunft und Wissenschaft, des Menschen allerhöchste Kraft, lass nur in Blend- und Zauberwerken dich von dem Lügengeist bestärken, so hab ich dich schon unbedingt.'"[26]

Einen guten Eindruck der zentralen inhaltlichen Überlegungen Hellers bietet eine kleine, von Fritz Betzelberger herausgegebene Broschüre der Leipziger Jungsozialisten mit dem Titel „Grundsätzliches vom Jungsozialismus", zu der Heller zwei Beiträge beisteuerte.[27] Das „Kainszeichen unseres Zeitalters"[28] sei der vereinseitigte Mensch. Dieser Vereinseitigung sei auch der Sozialismus verfallen: „Die Mehrzahl der Sozialisten vermögen ihn nicht als eine das Gesamtleben gestaltende Idee zu erfassen (…). Weil man kein Bild von der lebensumspannenden Idee des Sozialismus besitzt, glaubt man seinen Sinn zu finden im Kampf für oder gegen den Alkohol, oder Nikotin, oder Krieg, oder Naturheilverfahren, oder Esperanto, oder Kirche, oder Feuerbestattung, usw."[29] Die tiefste Berechtigung des Jungsozialismus bestehe in seiner Sehnsucht nach Überwindung dieses vereinseitigenden, meist nur aus irgendeinem „Anti" geborenen Sozialismus: „Aufgabe des Jungsozialisten ist die Besinnung zur sozialistischen Tat. Auch er kann nur Arbeiter am Sozialismus sein, wenn das Bild des Sozialismus in ihm ‚schon ideell vorhanden war'. Mit der beliebten Phrase, der Sozialismus müsse naturgesetzlich kommen, ist der Weg zur gedankenlosen Faulheit und zum gestaltlosen Chaos gepflastert. Nichts haben wir notwendiger als eine anschauliche Idee des Sozialismus, ein lebendiges Leitbild. Die Besinnung auf diese Idee muss aber stets materialbezogen sein. Luftschlösser sind keine Leitbilder, und der Plan einer Gesellschaftsgestaltung ohne genaue Berücksichtigung des zu gestaltenden Materials führt nie zur Kultur, die immer Wirklichkeitsgestaltung ist."[30] Staatspolitik sei die Ordnung des Zusammenwirkens der gesellschaftlichen Beziehungen auf einem bestimmten Gebiet. Zu ihrer Selbsterhaltung bräuchten die Menschen eine Friedensordnung und Rechtssicherheit.[31] Sinn sozialistischer Politik sei die auf die Idee der sozialen Gerechtigkeit bezogene Gesellschaftsgestaltung: „Ihre höchste Idee ist das möglichst gleiche und freie Zusammenwirken alles dessen, was Menschenantlitz trägt. Sie sieht die gerechte Ordnung vor allem durch die wirtschaftlich bedingte Klassenungleichheit verletzt. Nur ihre Gegner und einige Dummköpfe behaupten, daß sie alle Ungleichheiten beseitigen wolle. Sie weiß, daß die natürliche Ungleichheit der Geschlechter, des Alters und vor allem der Persönlichkeit notwendig und gerechtfertigt ist. Zu beseitigen ist aber die wirtschaftliche Klassenordnung."[32] Während die Unterschiede beim Alter sich vor allem auf die übliche Abgrenzung zwischen Kindern/Jugendlichen und Erwachsenen beziehen dürften, ist der Verweis auf die „natürliche Ungleichheit der Geschlechter" nicht ganz klar. Heller hat sich soweit ersichtlich ansonsten nicht zu Fragen der Geschlechterbeziehungen geäußert. Hier meint er möglicherweise die biologischen Geschlechterunterschiede. Zur Durchsetzung der gerechten Ordnung bedürfe es des Staates. Dazu gehöre auch das „geistige und materielle Vermögen zur Leitung"[33]. Heller erklärte: „Weil dieses Vermögen den dazu persönlich fähigen in den besitzlosen Klassen auf dem Grunde der wirtschaftlichen Klassenordnung nicht zugänglich ist, muss sozialistische Politik mit der einen Hand Wirtschafts-, mit der anderen Hand Bildungspolitik sein."[34] Während des Hitler-Putsches in München am 9. November 1923 hielt Heller sich mit einer Gruppe Jungsozialisten im Leipziger Volkshaus zur Verteidigung der Republik bereit.[35]

Sein Verhältnis zur örtlichen Sozialdemokratie stellt sich allerdings als zerrüttet dar – einen wirklichen Zugang zur von ehemaligen Mitgliedern der Unabhängigen Sozialdemokratischen Partei (USPD) dominierten Leipziger SPD hat Heller nicht gefunden.[36] Ende März 1924 legte Heller seine Funktionen in

Leipzig nieder und begann, sich vollständig wissenschaftlichen Arbeiten zu widmen.
Einige beachtenswerte Schlaglichter auf Hellers Interpretation des Sinngehalts der Weimarer Reichsverfassung entwickelt der Lexikonartikel „Grundrechte und Grundpflichten“, der 1924 in „Teubners Handbuch der Staats- und Wirtschaftskunde“ veröffentlicht wurde. Die soziale Idee sei die folgerichtige Fortführung der politischen zur wirtschaftlichen Demokratie. Erstere habe die politischen Stände beseitigt, letztere wende sich gegen die wirtschaftlichen Klassen. Der reine Rechtsstaat solle damit zum „demokratisch-sozialen Wohlfahrtsstaat“ umgewandelt werden, indem die Anarchie der Produktion durch eine gerechte Ordnung des Wirtschaftslebens ersetzt und zu diesem Ziel das Privateigentum möglichst weitgehend beschränkt werde.[37] Anders als die Ideen des Liberalismus und der Demokratie sei die sozialistische Idee bislang im wesentlichen Ideologie geblieben.[38] Der letzte – die sozialen Grundrechte benennende – Verfassungsabschnitt enthalte daher mehr Artikel als die vorherigen Abschnitte, die lediglich Programmsätze und noch kein geltendes Recht seien: „Er enthält aber zugleich den springenden Punkt in der durchaus ungeklärten, überaus schwierigen Auseinandersetzung zwischen der individualistischen (kapitalistischen) Wirtschaftsauffassung des

Bürgertums und der erstrebten sozialistischen Wirtschaftsreform des Proletariats."[39] Hier gebe es noch keine klare Praxis, die sich in klares Recht fassen ließe. Außer Frage sei, dass der Geist dieser Auseinandersetzung nicht der des marxistischen Klassenkampfes und der Diktatur, sondern der „Ausgleichung und möglichst zweiseitigen Übereinkunft zum Zwecke einer gerechteren Güterverteilung"[40] sei. So bestätigten die Verfassungsartikel 153 und 154 zwar Grundpfeiler der individualistischen Wirtschaft, gäben aber keine Garantie für die Zukunft, sondern bildeten auch den Rahmen für einen Übergang von der Privatwirtschaft zur Gemeinwirtschaft, etwa wenn nach der Garantie des Privateigentums sogleich ausgesprochen werde, dass Enteignungen jederzeit und auch ohne Entschädigung durch das Reichsgesetz möglich sein werden. In Art. 156 enthalte die Verfassung zudem die Möglichkeit der vollständigen Überführung von privaten Unternehmen in Gemeineigentum.

Jungsozialismus und Nation

Nachdem die Sozialdemokratie vor dem Weltkrieg nur vom Parteivorstand geleitete Jugendorganisationen kannte, hatten sich nach dem Krieg neue Organisationsformen der Jugend durchgesetzt, die auch mehr Freiraum und Selbstorganisation für sich beanspruchten.[41] Zum Ausdruck kam dies vor allem in der Bewegung der Jungsozialisten, die vorwiegend von der Altersgruppe der etwa Anfang zwanzigjährigen Genossinnen und Genossen getragen wurde. Insbesondere den jugendbewegt-idealistischen Teil des Verbandes trieb dabei die Frage nach dem Verhältnis von Volk/Nation, Staat und Sozialismus um. Um eine bessere Koordinierung der jugendbewegten Jungsozialisten zu gewährleisten und um das Verhältnis zum deutschen Volk und Staat zu klären, wurde für Ostern 1923 – also inmitten der Ruhrbesetzung – eine bundesweite Tagung im nordhessischen Hofgeismar organisiert. Als Referenten waren u. a. der Arbeiterdichter und Redakteur der *Jungsozialistischen Blätter* Karl Bröger (Thema: Deutscher Mensch und deutscher Geist) sowie Gustav Radbruch (Thema: Volk im Staat), Eduard Heimann (Thema: Staat und Wirtschaft) und Hugo Sinzheimer (Thema: Sozialistische Politik im neuen Deutschland) eingeladen. Der aus dieser Tagung entstandene „Hofgeismarkreis“

versammelte eine letztlich recht heterogene Gruppe, in der sich neben Volksgemeinschaftsromantikern und republikanischen Sozialisten auch vereinzelte Nationalrevolutionäre wie etwa Ernst Niekisch fanden. Der Kreis gab ab Oktober 1924 die *Politischen Rundbriefe* als kreisinterne Zeitschrift heraus. Hermann Heller beteiligte sich aktiv an den Diskussionen des Kreises und gehörte u. a. bei einer weiteren Tagung zu Fragen der Außenpolitik an Pfingsten 1924 in Gudensberg (Nordhessen) zu den eingeladenen Referenten.[42]

Auf der linken Seite des Verbandes formierte sich seit September 1923 eine internationalistische und marxistische Opposition. Ende Mai 1924 luden einige Jungsozialisten aus Hannover zu einem sogenannten allgemeinen Treffen der Jungsozialisten Deutschlands nach Hannoversch Münden ein.[43] Hauptreferenten der Tagung waren Georg Engelbert Graf (Thema: Klassenkampf oder Volksgemeinschaft) und der sächsische Ökonom Hermann Kranold (Thema: Die Vereinigten Staaten von Europa).

Im Jahr 1925 veröffentlichte Hermann Heller mit dem seiner Leipziger Mitarbeiterin Gertrud Hermes gewidmeten Band „Sozialismus und Nation" einen für große Teile des Hofgeismarkreises inhaltlich prägenden Text. Die „letzte Begründung des wahren Wesens des Sozialismus" liege in der „Idee der gesellschaftlichen

Gerechtigkeit, in dem Willen zur gegenseitigen Hilfe und gerechter Gemeinschaft, in der sittlichen Gestaltung unserer gegenseitigen Beziehungen"[44]. Jedes Ideal vermöge sich nur im Kampf mit den gegebenen gesellschaftlichen Machtverhältnissen durchsetzen – aktuell mit der wirtschaftlichen Macht über den Staat.[45] Die dauerhaftesten menschlichen Vergemeinschaftungen beruhten nicht auf zweckbewusster Interessenverbindung, sondern hätten einen organischen, naturhaften Kern. Zu den wichtigsten dieser naturhaften Verbindungen gehörten „Blut und Boden", die auch die natürliche Grundlage der Nation bilden würden.[46] Und weiter: „Wenn es also gewiß richtig ist, daß solche Blutsverfestigung eine natürliche Grundlage der Nation bildet, so ist doch keine einzige Nation ursprüngliche Abstammungsgemeinschaft. Alle uns bekannten kulturtragenden Völker bestehen aus anthropologisch verschiedenartigen Bestandteilen. Will man das Wort ‚Rasse' hier gebrauchen, so muss man sich klar sein, daß damit lediglich eine durch geschichtliche Schicksale aus verschiedenen Bestandteilen durch Wechselheiraten erwachsene Blutsverfestigung gemeint sein kann, die in jeder Generation von neuem gelockert, von neuem gemischt und von neuem gefestigt wird."[47] Vermeintlich wissenschaftliche „Rassentheorien" lehnte Heller klar ab: „Die gesamte Rassentheorie ist wissenschaftlich zur

Unfruchtbarkeit verurteilt, solange es ihr nicht gelingt, zwischen Naturmerkmalen, etwa Schädelformen, Haarfarbe, usw. einerseits und menschlichem Handeln andererseits eindeutige Beziehungen aufzuweisen. Alle dahin zielenden Versuche haben bisher kein einziges ernst zu nehmendes Ergebnis gebracht."[48] Gemeinsamkeit von Naturmerkmalen allein bedeute zudem niemals Gemeinschaft. Dies geschehe erst durch einen gemeinsamen Kulturbesitz. Dieser habe zudem die Kraft, nicht nur den „Mitgeborenen", sondern auch den „Fremdgeborenen" in die „nationale Gemeinschaft einzugliedern"[49]. Diese Nation ist für Heller eine „endgültige Lebensform", die durch den Sozialismus weder beseitigt werden könne noch beseitigt werden solle: „Sozialismus bedeutet keineswegs das Ende, sondern die Vollendung der nationalen Gemeinschaft, nicht die Vernichtung der nationalen Volksgemeinschaft durch die Klasse, sondern die Vernichtung der Klasse durch eine wahrhaft nationale Volksgemeinschaft."[50] Das grundsätzlich positive Staatsbild Hellers scheint auch hier durch, wenn er schreibt, der Sozialismus sei nicht Aufhebung, sondern Veredelung des Staates: „Der Arbeiter kommt dem Sozialismus umso näher, je näher er dem Staate kommt."[51] Auf internationaler Ebene seien die Arbeiterinteressen nicht so solidarisch wie oft vorausgesetzt. Nötig sei deshalb nicht nur eine Angleichung der „innernationalen“, sondern auch eine Angleichung der internationalen Wirtschaftsgegensätze.[52] Die den Verband der Jungsozialisten zunehmend dominierenden Debatten zwischen den Strömungen sollten auf der dritten Reichskonferenz im April 1925 in Jena inhaltlich in einem bemerkenswerten Debattenformat entschieden werden: Die beiden Fraktionen schickten zum Leitthema „Staat, Nation und Sozialdemokratie“ jeweils einen Referenten mit einem ausführlichen Vortrag ins Rennen. Für den „Hannoveraner Kreis“ sollte der Austromarxist Max Adler seine politisch-theoretische Auffassung begründen, für den Hofgeismarer Kreis Hermann Heller. Heller begann als Erster und trug mit einer starken Bezugnahme auf die Schriften von Otto Bauer und Karl Marx seine Positionen zum Weimarer Staat vor.[53] Er verwarf das Theorem vom Absterben des Staates und betonte, dass jede komplexe Gesellschaft auf eine ordnende und leitende Autorität angewiesen sei. Den Klassencharakter des Weimarer Staates stellte er nicht in Frage, jedoch griff er auf Vorstellungen Otto Bauers zurück und hob hervor, dass die demokratische Republik ein bedeutender Schritt hin zur sozialistischen Republik sein werde. Den Klassenkampf sah er als eine Notwendigkeit an, der aber nicht gegen, sondern um den Staat zu führen sei. Max Adler konterte in seinem Korreferat scharf und kritisierte, dass Hellers

Staatstheorie beim formalen Verständnis des Staates als Zwangsordnung des gesellschaftlichen Lebens ende.[54] Entscheidend für eine marxistische Perspektive sei jedoch vielmehr die Frage, welchen Charakter dieser „Staat“ innerhalb des jeweiligen ökonomischen Systems besitze, denn die alleinige Feststellung, dass dieser eine Zwangsorganisation sei, sage noch nichts über die innere Ausgestaltung der Herrschaftsverhältnisse aus. Der Staat im soziologischen Sinne – Adler verstand den Marxismus nicht als Weltanschauung, sondern als Soziologie und verwendete beide Begriffe in seiner Rede synonym – berücksichtige die historisch-konkrete Gestalt der Zwangsorganisation, hinterfrage die Herrschaftsverhältnisse sowie den jeweiligen Charakter der Staatsform. Die sozialistische Bewegung habe daher die Aufgabe, mittels der marxschen Theorie die materielle Substanz dieser Zwangsorganisation zu analysieren, um festzustellen, ob es sich um einen Klassenstaat handle. In unsolidarischen Gesellschaften, in denen ein Teil der Gesellschaft die Herrschaft über die anderen ausübe, existiere immer ein Klassenstaat. Das Ziel der sozialistischen Bewegung sei folglich die Beseitigung des Klassenstaates – also die Transformation von der unsolidarischen hin zur solidarischen Gesellschaft. Dies bedeute nicht die Auflösung des Staates als Zwangsorganisation, sondern vielmehr die Abschaffung des

Klassenstaates. Der Staat werde als Zwangsorganisation beibehalten, nur sein Klassencharakter entfalle. In der folgenden hitzigen Aussprache hatten die Hannoveraner eine klare Mehrheit auf ihrer Seite. Die insbesondere von Heller durchaus differenziert und mit klaren Hinweisen, wo auch politisch-theoretisch verbindende Linien gefunden werden könnten, vorgetragenen Referate spielten für die Entscheidung des Verbandes am Ende auf beiden Seiten nur eine untergeordnete Rolle. Die Reichskonferenz verabschiedete eine Resolution, die die Ablehnung der „nationalen Romantik" der Hofgeismarer und die „platte" Staatsbejahung mit 71 zu 39 Stimmen feststellte und die Notwendigkeit des Klassenkampfes betonte. Ein Großteil der Hofgeismarer und auch Hermann Heller zogen sich in der Folge aus der jungsozialistischen Bewegung zurück.

Vordenker der Verfassungslehre

Im April 1926 erhielt Heller eine feste Anstellung als Referent am „Kaiser-Wilhelm-Institut für ausländisches öffentliches Recht und Völkerrecht" in Berlin. Er siedelte mit seiner Familie nach Berlin über und übernahm zudem Lehraufträge an der Deutschen Hochschule für Politik.

Hermann Heller bei Trude Kuhn in Kiel-Kitzeberg

Seinen Blick auf die politisch-ideologischen Strömungen der Weimarer Republik legte Heller im Jahr 1926 erschienenen und Gustav Radbruch gewidmeten Band „Die politischen Ideenkreise der Gegenwart" dar. Identifiziert werden dabei ein „monarchischer", ein „demokratischer", ein „liberaler", ein „nationaler", und ein „sozialistischer Ideenkreis". Der liberale Ideenkreis habe durch seinen Schutzanspruch des selbsttätigen Individuums eine große Zahl von staatlich-rechtlichen und gesellschaftlichen Einrich-

Arbeitszimmer Hellers in der Adalbertstraße 41, Berlin

tungen bewirkt, die zweifellos so fest in der Gesamtkultur wurzelten, dass sie nur mit ihr zugleich verschwinden könnten. Auch ein sozialistisches Gemeinwesen werde auf diesen Grundlagen bauen und Menschenrechte des Individuums anerkennen müssen. Die Weimarer Reichsverfassung habe die große Gegenwartsbedeutung der Grundrechte in ihrem zweiten Hauptteil anerkannt. Der liberale Ideenkreis als solcher sei jedoch politisch unzeitgemäß geworden: „Andererseits wird man die Aufgaben, die ein kraftvoller Neoliberalismus fascistischen (sic) und bolschewistischen Knüppelmethoden gegenüber vor-

nehmlich auf kulturpolitischem Gebiet zu erfüllen hätte, sicherlich nicht gering einschätzen dürfen."[55] Mit Blick auf den nationalen Ideenkreis stellt Heller die Bedeutung der Nation heraus. Allerdings nehme die „Rassentheorie der Nation die staatstragende Kraft"[56], indem sie die Kulturgemeinschaft als Legitimation des politischen Verbandes aufhebe. Mit Blick auf die Umwälzungen in der Arbeits- und Güterordnung und die Verfügungsmacht über weite Gebiete des Produktionsprozesses im demokratischen Staat bei den Volksvertretungen seien die Tendenzen des sozialistischen Ideenkreises in gewissem Umfang bereits Wirklichkeit geworden: „Wir leben selbstverständlich noch in einer kapitalistischen Gesellschaftsordnung, in der sich aber in erstaunlich raschem Tempo sozialistische Einrichtungen entwickeln. Eine genaue Grenze, wo der kapitalistische Staat aufhört und der sozialistische beginnt, lässt sich selbstverständlich nicht ziehen. Diese Grenze wird aber sicher so lange nicht überschritten werden, solange nicht die Grenzen der europäischen Nationalstaaten überschritten sind und eine feste internationale politische Organisation erreicht ist."[57]
Heller beteiligte sich intensiv an den Debatten über eine Neuausrichtung der Staatsrechtslehre. Seine Wortwahl erscheint oft schroff. Wissenschaftliche Bezugnahmen laufen dabei teils auch quer zu sonstigen

politischen Zuordnungen. So trat Heller als harter Kritiker des bedeutenden österreichischen Staatsrechtlers und Rechtstheoretikers Hans Kelsen (1881–1973) auf, dessen „reine Rechtslehre“ eine von politischen Einflüssen und Setzungen unabhängige Rechtswissenschaft entwickeln wollte. Kelsen gehörte zu den Autoren der österreichischen Verfassung und stand ebenfalls der Sozialdemokratie nahe. Heller hielt Kelsen entgegen, dieser wolle nicht das kritische Denken des Juristen schulen und ihn zu dem Bewusstsein bringen, dass und wann er auf historische Gegebenheiten reflektieren und wann er Werturteile fällen müsse. Im Gegenteil, seine Normlogik wolle die Rechtswissenschaft zur reinen Normwissenschaft machen.[58] Recht sei keine logische, sondern eine soziologische Spezifikation, deshalb sei der Staat kein ideelles Normensystem, sondern ein Herrschaftsverband, „und eben deshalb muss die reine Rechtslehre kapitulieren und zum Methodensynkretismus greifen, wenn sie nicht (...) eine Staatslehre ohne Staat und eine Rechtswissenschaft ohne Recht“[59] sein wolle. Das Streben nach Methodenreinheit sei erfolglos, sie bezahle dieses Streben damit, für den praktischen Juristen unbrauchbar zu sein: „Kelsens Allgemeine Staatslehre darf deshalb als klassischer Ausdruck der schweren Krisis unserer Staatslehre gewertet werden.“[60] Staat und Recht seien auf soziologischer Ebene in Verbindung zu setzen, indem beide als „sozialpsychologisch wirksame gesellschaftliche Seinsgebilde“[61] betrachtet würden. Der Staat solle in diejenigen sozialen Zusammenhänge gesetzt werden, die heute zu den entscheidenden Staatsproblemen gehörten, die aber von der herrschenden Staatslehre entweder gar nicht – wie beispielsweise Wirtschaft, soziale Klasse, Presse, öffentliche Meinung, Religion – oder nur sehr unzulänglich behandelt würden, wie Parteien, Nation und internationale Beziehungen.[62]

Im Jahr 1927 veröffentlichte Heller in den beachteten „Beiträge(n) zum ausländischen öffentlichen Recht und Völkerrecht“ eine ausführliche Abhandlung zum Thema „Die Souveränität“. Er holte dabei weit aus und rezipierte staatsrechtliche Überlegungen seit der frühen Neuzeit. Das soziologische Problem der Souveränität sei das soziologische Grundproblem der Staatsrechtslehre, die Frage nach dem Verhältnis von Herrschaft und Ordnung.[63] Ebenfalls im Jahr 1927 konnte Heller auf der Tagung der „Vereinigung der Deutschen Staatsrechtslehrer“ in München zum Thema „Der Begriff des Gesetzes in der Reichsverfassung“[64] vortragen.

Immer deutlicher wurde in seinen Texten zudem die Verbindung zwischen einer Beobachtung politischer und gesellschaftlicher Realitäten und verfassungstheoretischen Einordnungen. Erkennbar wird dies beispielsweise im 1928 in der *Zeitschrift der Hochschule für Politik* veröffentlichen Beitrag „Politische Demokratie und soziale Homogenität". Ein gewisses Maß an Homogenität müsse es immer geben, damit politische Einheitsbildung überhaupt möglich sei: „Solange an die Existenz solcher Homogenität geglaubt und angenommen wird, es gäbe eine Möglichkeit, durch Diskussion mit dem Gegner zur politischen Einigung zu gelangen, solange kann auf die Unterdrückung durch physische Gewalt verzichtet, solange kann mit dem Gegner parliert werden. (…) Erst dort, wo dieses Homogenitätsbewußtsein verschwindet, wird die bis dahin parlierende zur diktierenden Partei."[65] Soziale Homogenität könne aber niemals die Aufhebung der notwendigen antagonistischen Gesellschaftsstruktur bedeuten: „Die gegensatzfreie Friedensgemeinschaft, die herrschaftslose Gesellschaft können als prophetische Verheißungen sinnvoll sein. Als politisches Ziel ist solche Verdiesseitung einer Gemeinschaft der Heiligen (…) eine Denaturierung sowohl der religiösen wie der politischen Sphäre."[66] Entscheidend auch für die soziale Homogenität werde jedes Mal die Sphäre sein, in welcher das Bewusstsein der Epoche vorwiegend beheimatet sei.[67] Mit Blick auf die aktuelle Situation hält er fest: Erst wenn das Proletariat zu dem Glauben gelange, dass die demokratische Gleichberechtigung seines übermächtigen Gegners den Klassenkampf in demokratischen Formen zu führen zur Aussichtslosigkeit verdamme, werde es zur Diktatur greifen. Es hänge damit wesentlich von der Einsicht der herrschenden Klassen ab, ob jener Glaube sich im Proletariat durchsetze: „Die ökonomische und zivilisatorische Überlegenheit gibt den Herrschenden genügende Mittel in die Hand, um durch direkte und indirekte Beeinflussung der öffentlichen Meinung die politische Demokratie in ihr reales Gegenteil zu verkehren. Durch finanzielle Beherrschung von Partei, Presse, Film und Literatur, gesellschaftliche Influenzierung von Schule und Hochschule, vermag sie, selbst ohne direkte Bestechung, es zu einer virtuosen Beeinflussung der bureaukratischen und Wahlmaschine zu bringen, so dass alle demokratische Form gewahrt und eine Diktatur dem Inhalt nach doch erreicht wird. Sie ist umso gefährlicher, weil anonym und unverantwortlich. Sie macht die politische Demokratie zur Fiktion, indem sie die Form der Repräsentationsbestellung wahrt und ihren Inhalt verfälscht."[68]

Zum 1. Oktober 1928 ernannte der preußische Minister für Wissenschaft, Kunst und Volksbildung, Carl Heinrich Becker, Heller zum außerordentlichen Professor für öffentliches Recht an der Juristischen Fakultät der Berliner Universität. Die Ernennung durch den Minister war nötig geworden, weil maßgebliche Teile der Professorenschaft die Berufung Hellers als „politische Ernennung" ablehnten.[69]

Trotz des Rückzugs als unmittelbarer Akteur in der Jugendbewegung blieb Heller im Bereich der Bildungsarbeit aktiv und reflektierte dabei seine Erfahrungen der vergangenen Jahre. So nahm er gemeinsam mit Gertrud Falke, aber auch weiter links stehenden Referenten wie Otto Jenssen und Alexander Stein an einer „Tagung der deutschen Arbeiterbildner" im Juli 1927 an der Heimvolkshochschule in Schloss Tinz im thüringischen Gera teil.[70] Heller trug dabei u. a. vor, dass die Kernfrage der sozialistischen Bildung der letzten Jahre die Frage gewesen sei, ob der Staat als vorläufiges Übel anzusehen sei, ob Politik ohne positive Stellung zum Staat möglich sei. Die Antwort könne nur lauten: Erhaltung des gegenwärtigen Staates zum Zweck der Fortbildung in den zukünftigen Staat. Das Ziel der Arbeiterbewegung könne nur sein, das gebietsgesellschaftliche Zusammenwirken im sozialistischen Sinne zu ordnen, die staatliche Machtverteilung von ihrer Verwirtschaftlichung zu befreien nach der Eigengesetzlichkeit der Politik.[71] Hellers Referat hat die leidenschaftlichsten Debatten der Konferenz, aber auch klare Ablehnung von Seiten der sich als marxistisch-klassenkämpferisch verstehenden Arbeiterbildner ausgelöst.[72]

Bereits im Jahr 1927 hatte Heller die Schriftstellerin Elisabeth Langgässer (1899–1950) kennen gelernt.[73] Nach Besuch eines Lehrerinnenseminars begann diese als Lehrerin im Raum Darmstadt zu arbeiten und zugleich Gedichte und Novellen zu veröffentlichen. Langgässer gilt als bedeutende Vertreterin einer an christlicher Mystik orientierten Literatur. Zustande kam der Kontakt mit Heller über den „Frankfurter Kreis", eine Runde von Frankfurter Intellektuellen, zu der auch Mitarbeiter des Instituts für Sozialforschung gehörten.[74] Hier traf sie auf Karl Thieme, der mit Hermann Heller seit Leipziger Tagen verbunden war und nun in Berlin an der Hochschule für Politik als Dozent lehrte. Mit Thieme verband sie bald eine intensive persönliche und intellektuelle Freundschaft. Während eines gemeinsamen Urlaubs lernte sie so Hermann Heller kennen – und verliebte sich in den acht Jahre älteren Mann. Nach einer weiteren Begegnung mit Heller im März 1928 wurde Langgässer schwanger. Heller soll über die Schwangerschaft nicht glücklich gewesen sein und zu einer Abtreibung geraten haben. Eine Beziehung zu Langgässer kam für ihn offensichtlich nicht in Frage. Ihrem Verleger Richard Knies schreibt Langgässer im Juli 1928, ihr Freund habe ihr nun „den definitiven Abschied gegeben und dazu bemerkt, es sei etwas endgültig zwischen uns zerrissen, was allerdings von seiner Seite niemals das Grosse gewesen wäre, was man Liebe nennt"[75]. Heller weilte währenddessen im Laufe des Jahres mehrere Monate zu einem Forschungsaufenthalt in Italien. Nach dem Bekanntwerden der Schwangerschaft wurde Langgässer zunächst vom Dienst beurlaubt und musste bald darauf ganz aus dem Schuldienst ausscheiden. Im eher anonymen Umfeld der Großstadt München brachte sie am 1. Januar 1929 ihre Tochter Cordelia zur Welt. Auf Anraten einer Freundin gab sie Hermann Heller als Vater an, auch mit der Intention, mögliche Unterhaltsansprüche zu sichern. Tatsächlich eingefordert hat Langgässer diese allerdings auch später nicht. Im Frühjahr 1929 zog sie mit Cordelia nach Berlin, wo sie mit ihrer Mutter und ihrem Bruder zusammenlebte und zugleich versuchte, sich als freie Schriftstellerin eine Existenz aufzubauen. Langgässer suchte nach der Geburt der gemeinsamen Tochter zunächst weiter den Kontakt zu Heller. So beschreibt sie in einem Brief aus dem September 1929, wie sie vom Café Josty am Potsdamer Platz aus ein Treffen von Heller mit ihrer Freundin Martha in der Konditorei Telschow aus der Distanz beobachtete: „Der Mond kam über dem Getriebe des Potsdamer Platzes hervor, die Blätter der Bäume waren so seltsam grün und ich sah das geliebte Jupiterhaupt sich hin- und herbewegen. Seltsam: ich war glücklich. Vielleicht wird es mir genügen, für den Rest meines Lebens manchmal zum Olymp hinaufzusehen – auf jeden Fall wird nie ein anderer Mann in meinem Leben sein."[76] Zu persönlichen Begegnungen mit Heller scheint es nicht mehr gekommen zu sein, und von Heller selbst sind keine Versuche überliefert, mit seiner Tochter Kontakt aufzunehmen.[77] Ob der Seitensprung Thema in Hellers eigener Familie wurde, ist nicht bekannt.

Europa und der Faschismus

Anders als zu Hans Kelsen unterhielt Heller zu Carl Schmitt (1888–1985), einem der zentralen Protagonisten auf der „rechten" Seite der Verfassungslehre, eine Zeit lang durchaus freundlichen Kontakt. Dies könnte zunächst daran gelegen haben, dass auch Schmitt versuchte, Verfassung und bestehende gesellschaftliche Verhältnisse in eine Beziehung zu setzen. Die tatsächliche Relevanz der Theorien Schmitts für eine verfassungstheoretisch abgesicherte politische Rechtsentwicklung hat Heller zunehmend erkannt. So unterließ er es in keiner Vorlesung, darauf hinzuweisen, dass Carl Schmitt „durch seine Lehren dem Faschismus Tür und Tor öffnete"[78]. Im Kampf für die Republik trat Heller auch öffentlich auf. So sprach er auf der Verfassungsfeier des Deutschen Studentenverbandes im Jahr 1929 zu „Freiheit und Form in der Reichsverfassung“. Nicht das Blatt Papier und nicht die ideelle juristische Norm entschieden über Wert oder Unwert einer Verfassung. Entscheidend allein sei, welche tatsächlichen gesellschaftlichen Machtverhältnisse eine Verfassung zulasse, billige oder verwerfe und welchen zukünftigen Machtverhältnissen eine Verfassung dienlich sei.[79] Verfassung sei bis zu einem gewissen Grad immer auch „erstarrte Vergangenheit“[80]. Gegenwärtige Formkraft besitze eine Verfassung nur insoweit, wie sie den tatsächlichen gesellschaftlichen Verhältnissen auch einen rechtlichen Rahmen bieten könne: „Gut ist eine Verfassung nur dann, wenn sie den die Zukunft gestaltenden Kräften des Volkes Freiheit läßt für die künftige politische Formung. Entscheidend für den Wert einer Verfassung ist also dieses Verhältnis von gestalteter Form und gestaltender Freiheit.“[81] Freiheit und Form, Individuum und Gemeinschaft stünden in einem ewigen, geschichtlich immer wieder wechselnden Spannungsverhältnis.[82] Diese Spannung werde am geringsten sein, wenn die Vielheit geistig und sozial relativ homogen sei und infolgedessen das gleiche politische Formideal in ihrer Ganzheit freudig und freiwillig bejahe: „Für unser Zeitalter des mobilen Kapitals, der Dynamisierung aller Wertvorstellungen und der Revolutionierung aller gesellschaftlichen Formen ist deshalb das Problem des Verhältnisses von Freiheit und Form in der Staatsverfassung ein besonders schwieriges und gefährliches."[83] Ein Zuwenig an Form würde permanente kommunistische Revolution samt Bürgerkrieg bedeuten, ein Zuwenig an Freiheit etwa durch eine faschistische Diktatur aber für die zukunftsgestaltenden Kräfte die Möglichkeit einer höheren politischen Form unterbinden: „Gut, nennen wir also eine heutige Verfassung, welche die historisch notwendige Form verwirklicht, indem sie den geschichtlich unausweichlichen Kampf in kulturermöglichende Formen bringt, den schöpferischen Kräften aber die Freiheit zur Gestaltung einer schöneren Zukunft lässt."[84]

In diesem Sinne sei die Weimarer Reichsverfassung Ausdruck der tatsächlichen gesellschaftlichen Machtverhältnisse:[85] „Die Weimarer Verfassung hat allen lebendigen gesellschaftlichen Kräften Rechtsventile offen gelassen, die eine gewaltlose Beseitigung der gesellschaftlichen Widersprüche gestatten. Eben diese Struktur unserer Verfassung reizt aber unsre ästhetisch-heroischen Revolutionsromantiker von links und rechts. Sie nennen sie ein faules und formloses Kom-promiß (sic) zwischen monarchisch-liberalem Rechts-staat und politisch-sozialer Demokratie. Weil beide eine, wenn auch in ihrem Inhalt sehr verschiedene Diktatur anstreben, erklären sie in merkwürdiger Übereinstimmung Gewaltenteilung und Grundrechte der Verfassung für überlebte Vorurteile eines bourgeoisen Rechtsstaats. Ihr Ideal ist die unkontrollierte Gewalt, die hemmungslos, deshalb aber auch willkürlich auf den Staatsbürger einwirken kann, in Gericht und Verwaltung an keine Gesetze gebunden ist und ohne Gesetz und Richter dem Bürger vorschreiben will, was er denken, reden, schreiben und lesen darf."[86] Vom „Dritten Reich" wüssten die Nationalsozialisten nur, wen sie darin nicht haben wollten – die Juden: „Wie diese neue Form sonst beschaffen sein soll, das haben sie nicht gesagt und können sie auch nicht sagen, weil sie es selbst nicht wissen."[87] In dieser geschichtlichen Lage sei die offene politische Form der Weimarer Verfassung die allein angemessene: „Wir feiern die Weimarer Verfassung nicht, weil sie uns bereits Erfüllung wäre, sondern weil sie uns unsere Aufgabe ermöglicht. Wir schützen sie und fordern für sie Achtung, weil sie uns die Freiheit gibt, in Zukunft eine einheitlichere und höhere Form zu verwirklichen."[88]

Ein Ergebnis von Hellers Italienreise war der Band „Europa und der Fascismus", der 1929 erstmals und dann 1931 in erweiterter Auflage erschien. So hält er unter anderem fest, die „einheitsbildende Wirkung der nationalen Idee" sei sehr beschränkt, sage sie doch nichts über den konkreten Aufbau des Staates aus, weshalb der Nationalismus auch immer Anleihen

Europa
und der Fascismus

Von

Dr. Hermann Heller
a. ö. Professor des öffentlichen Rechts
an der Universität Berlin

Berlin und Leipzig 1929

Walter de Gruyter & Co.
vormals G. J. Göschen'sche Verlagshandlung — J. Guttentag, Verlagsbuchhandlung
Georg Reimer — Karl J. Trübner — Veit & Comp.

Titelblatt des Bandes „Europa und der Fascismus“

bei berufsständischen Staatsgedanken nehmen müsse.[89] Nur durch konkrete Rechtsideale werde der konkrete Staat legitimiert und wesentlich integriert. Ohne politische Wertegemeinschaft gebe es weder eine politische Willensgemeinschaft noch eine Rechtsgemeinschaft.[90] Im Kulturdenken habe sich eine Strömung immer breiter gemacht, die an romantische Motive anknüpfend das Recht und die Freiheit des „strömenden Lebens" vertrete: „Die meisten Denker wenden sich gegen die quietistische Anbetung der Gesetze und preisen eine aktivistische Lebensstimmung, ein heroisches Persönlichkeitsideal."[91] Eine einseitige politische Bindung gebe es dabei nicht. Die Reaktion der Lebensphilosophie müsse deshalb über alle politischen und sozialen Gegensätze hinweg als ein tiefgreifender Generationenumschlag verstanden werden. Gemeinsam sei der neuen Generation eine „heroische antibourgeoise Lebensstimmung". Sie stelle der gesetzlichen Notwendigkeit eine neue Freiheit, der Sekurität die Gefahr, dem Gesetz die Gewalt entgegen. Faschismus sei Aktion und Gefühl.[92]

Im Kampf für die Republik

Im Oktober 1930 trat Heller als Redner bei einer Arbeitstagung des Deutsch-Republikanischen Studentenbundes auf der thüringischen Burg Lauenstein auf. Im Berliner *Vorwärts* hieß es dazu: „In ungewöhnlich anfeuernder Weise sprach dann Universitätsprofessor Hermann Heller – Berlin über Faschismus als Nationalsozialismus. Es ist, so sagte er, jetzt fünf Sekunden vor zwölf und in kürzester Zeit muss sich entscheiden, wie dieser Kampf, den die Rechte für die Rebarbarisierung Europas begonnen hat, ausgehen wird. Dem Faschismus sind die durch Weltkrieg und Weltwirtschaftskrise besitzlos gewordenen Schichten zugeströmt, im Wesentlichen also die Bauern, Angestellten und Kleingewerbetreibenden, weiterhin aber auch die Studenten, die keine Möglichkeit mehr sehen, nach absolviertem Studium irgendwo unterzukommen. In einige(n) Jahren werden wir in Deutschland 40 000 Akademiker haben, mit denen wir nichts anzufangen wissen. So sehr auch alle diese Elemente vom Kapitalismus enttäuscht sind, in die Front der Sozialdemokratie wollen sie sich nicht einreihen und laufen reinen Schlagworten wie Befreiung von Zinsknechtschaft, Antisemitismus und berufsständische(r) Gliederung des Volkes – die übrigens eine Diktatur ausschließt – nach. So wichtig aber die

Nr. 467 • 47. Jahrgang — **3. Beilage des Vorwärts** — Sonntag, 5. Oktober 1930

Abschied von Georg Weimann

Lernt fremde Sprachen.

Die Freunde der internationalen Kleinarbeit laden ein.

Parteinachrichten für Groß-Berlin

Freie Sozialistische Hochschule

„Faschismus als Nationalsozialismus"

Frauenveranstaltungen.

Veranstaltungsankündigung aus dem *Vorwärts* vom 5. Oktober 1930

Erkenntnisse von im Faschismus lebendigen Triebkräften sei(en), so wenig sei es jetzt an der Zeit, darüber zu diskutieren und zu philosophieren. Für die Republikaner gebe es auf Wochen und Monate keine andere Aufgabe, als zu kämpfen für die Erhaltung von Verfassung, Parlament, Republik und Demokratie, und zwar, wenn es sein muss, mit allen Mitteln. Der Vortrag Hellers fand stärksten Beifall."[93]

Aus dem Jahr 1930 stammt auch ein weiterer bedeutender theoretisch-programmatischer Text Hellers. In „Rechtsstaat oder Diktatur" setzt er sich insbesondere mit der Rolle des Bürgertums auseinander und benennt erstmals den „sozialen Rechtsstaat" als verfassungspolitische Antwort. Bis zum Ausgang des Weltkrieges sei der Rechtsstaat in Europa zumindest als Forderung eine Selbstverständlichkeit gewesen: „Selbst die marxistische Diktatur des Proletariats verstand(en) die großen sozialistischen Parteien bis zur bolschewistischen Revolution mehr oder weniger im demokratisch-rechtsstaatlichen Sinne."[94] Nun, zehn Jahre später, sei die Frage Rechtsstaat oder Diktatur allerdings ernsthaft zur Diskussion gestellt. Heller entwickelt die weitere Argumentation dabei mit Blick auf die sich entwickelnden faschistischen Diktaturen in Westeuropa: „(D)ie bolschewistische Diktatur, im ganzen doch nur eine Reprise der Regierungsform Peters des Großen, hat die Alternative Rechtsstaat oder

Diktatur nie gekannt und kann aus unserer Betrachtung ausgeschlossen bleiben."[95] Verkehrssicherheit bzw. Rechtssicherheit werde durch eine erhöhte Berechenbarkeit und Planmäßigkeit der gesellschaftlichen Beziehungen ermöglicht: „Das vorläufige Endergebnis dieses gesellschaftlichen Rationalisierungsprozesses ist der moderne Rechtsstaat, der im Wesentlichen entstanden ist durch eine immer wachsende Gesetzgebung, d. h. bewusste Setzung von Regeln für das gesellschaftliche Handeln, welche Regeln für einen immer größeren Kreis von Personen und Sachen die Selbsthilfe zugunsten der zentralen Normsetzung und Durchsetzung ausschalteten."[96] Verbunden war dies mit einem Aufstieg des Bürgertums, dessen „politische und ökonomische Sekurität" seinen Einfluss bei der Gesetzgebung im gewaltenteilenden Rechtstaate verlangt habe und dessen politisches Freiheits- und Gleichheitsideal seiner „Ethik der individuellen Autonomie" entsprochen habe:[97] „Daß diese Demokratie auf ‚Bildung und Besitz' beschränkt blieb, konnte von einer Zeit gerechtfertigt werden, in welcher der Besitz noch gebildet und die Bildung noch besitzend war. Das musste sich im Zeitalter des entwickelten und organisierten Kapitalismus grundlegend ändern. Ein sich beständig vermehrendes Proletariat erwacht zum Selbstbewusstsein und macht die Forderung der bürgerlichen Demokratie in Gestalt der sozialen Demokratie zu seiner eigenen. Selbstständig in Parteien und Gewerkschaften organisiert, erzwingt es seine Beteiligung an der rechtsstaatlichen Legislative. Dadurch wird diese Volkslegislative aber der Geist, den das Bürgertum gerufen hatte und nicht wieder bannen kann, wenn es ihn nicht von Grund auf verleugnen und mit Beelzebub Diktatur vertreiben will. (...) Das Bürgertum beginnt am Rechtsstaatsideal zu verzweifeln und seine eigene geistige Welt zu verleugnen."[98] Vorläufig habe sich das Bürgertum damit begnügt, dass Richter, „die in ihrer erdrückenden Mehrheit den herrschenden Schichten entstammen"[99] die Gesetze auf ihre Übereinstimmung mit dem Gleichheitssatz prüfen, eine wirksame Sicherung dagegen geschaffen hätten, dass die Volkslegislative den liberalen in einen sozialen Rechtsstaat überführe. „Denn, was als gleich und was als ungleich zu gelten hat, bestimmt sich sehr wesentlich nach den nicht nur historisch und national, sondern auch sozial divergierenden Wertauffassungen derjenigen, die darüber zu urteilen berufen sind (...)."[100] Alle heutigen Diktatoren versicherten nichts anderes, als dass sie die ‚wahre' Demokratie verwirklicht hätten oder verwirklichen wollen. Dies gelinge u. a. damit, dass zunächst entsprechende Freiheitsrechte des demokratischen Rechtsstaats durch Appelle an antiliberale Affekte als ‚bürgerlich' denunziert würden. „Gelingt es nun, die bürgerliche Freiheit der Meinung, der Vereins-, Versammlungs- und Preßfreiheit (sic), die geheime Einzelabstimmung als ‚eigentlich' undemokratisch herabzusetzen, so sind zugleich die Garantien einer allein demokratischen Ermittlung des Volkswillens beseitigt."[101] Verhüllt werde der diktatorische Gehalt auch durch Diskurse über korporative oder berufsständische Staatsmodelle. Letztlich gehe es immer um Absicherung der ökonomischen Beherrschung der Massen.[102] „Indem das Bürgertum aber Rechtsstaat, Demokratie und Parlamentarismus konventionelle Lügen nennt, straft es sich selbst Lügen. Durch seinen neofeudalen Gesetzeshaß gerät es nicht nur in einen Selbstwiderspruch mit seinem eigensten geistigen Sein, sondern verneint auch die Existenzbedingungen seines gesellschaftlichen Lebens. Ohne die Gewissheit der gesetzmäßigen Freiheit (…) kann das Bürgertum weder geistig noch ökonomisch leben."[103] Heller fährt schlussfolgernd fort: „Sie müssten einsehen, daß die Zukunft der abendländischen Kultur nicht gefährdet ist durch das Gesetz und seine Ausdehnung auf die Wirtschaft, sondern gerade durch die Anarchie und ihre politische Erscheinungsform, die Diktatur, sowie durch die anarchistische Raserei unserer kapitalistischen Produktion, die weder Handarbeitern noch Kopfarbeitern Muße und Möglichkeit zu kulturschöpferischer Tätigkeit lässt. Mit dieser

Erkenntnis müsste sie angesichts des verantwortungslosen Geschwätzes blutloser Rationalisten und blutgieriger Irrationalisten das gleiche Gefühl des unüberwindlichen Ekels packen, und die Entscheidung zwischen fascistischer (sic) Diktatur und sozialem Rechtsstaat wäre gefallen."[104]
Die politischen Gefahren für die Republik und die Diskussion, welche Handlungsoptionen tatsächlich verfolgt werden sollten, dominierten zunehmend auch die innerparteilichen Auseinandersetzungen in der Sozialdemokratie. Mit dem Kreis um die „Neuen Blätter für den Sozialismus" organisierte sich ein Teil von Hellers altem Umfeld aus dem Hofgeismarkreis neu.[105] Der Kreis bestand u. a. aus dem Theologen Paul Tillich, dem Nationalökonomen Eduard Heimann sowie August Rathmann, der bis zum Ende der Zeitschrift im Juli 1933 die Schriftleitung übernahm. Auch der Heller aus Leipziger Tagen bekannte Fritz Borinski gehörte zum engen Umfeld der Zeitschrift. Die Orientierung an einem „jungen Sozialismus" ist dabei schillernd. Zudem gab es Kontakte in die Wehrorganisationen der SPD, in der mittlerweile eine Reihe ehemaliger Jungsozialisten aktiv waren, etwa Theodor Haubach, sowie in den gewerkschaftlichen Bereich. Am 10. März hatte sich in der Wohnung von Hugo Sinzheimer eine Runde u. a. mit August Rathmann, Gustav Radbruch, Wilhelm Sollmann

und Hendrik de Man getroffen und die Idee eines Diskussionsforums und Zeitschriftenprojekts erörtert. In einer im Oktober vertraulich versandten „Denkschrift" zeichnet August Rathmann ein Bild der Krise der deutschen Sozialdemokratie. Insbesondere die Theoriearbeit werde vom Marxismus dominiert, während die tatsächliche Praxis der Sozialdemokratie mit dem Marxismus nur schwer vereinbar sei. „Die deutsche Arbeiterbewegung kann auch in Zukunft nicht anders als stark von sozialistischen Ideen geleitet gedacht werden. Das republikanische Deutschland, das in seiner demokratischen Form nur so lange bestehen kann, als die Arbeitermassen inhaltlich zu ihm halten, ist äußerst interessiert daran, daß der deutsche Sozialismus – und damit die Arbeiterbewegung – sich in der Richtung zum Positiven entwickelt. Das Schicksal des deutschen Sozialismus ist das Schicksal Deutschlands."[106]

Parallel dazu hatte auch Hermann Heller die Gründung einer Zeitschrift betrieben. Heller hatte dazu u. a. Kontakt mit dem zeitweiligen Reichs- und langjährigen preußischen Innenminister Carl Severing aufgenommen. Paul Tillich wurde von beiden Kreisen angesprochen. Allerdings scheint Heller bei Rathmann und anderen als im persönlichen Umgang schwierig gegolten zu haben. Dennoch wurde Heller im März 1929 zunächst mit Tillich, Rathmann und anderen in einem Vorvertrag mit dem Potsdamer Verlag Alfred Protte als Mitherausgeber der „Neuen Blätter" einbezogen. Am 29. Mai schrieb Eduard Heimann allerdings an den als Mitherausgeber vorgesehenen Fritz Klatt, „daß die Verhandlungen nach dem Ausscheiden von Hermann Heller in einer Atmosphäre vollkommenen Vertrauens vor sich gehen und daß sie uns auch sachlich von Schritt zu Schritt weitergebracht haben. (...) Auch das Problem Hermann Heller konnte einwandfrei geklärt werden, und zwar in negativer Richtung, obgleich mir selbst das Fehlen dieses hervorragenden Staatstheoretikers immer noch schmerzlich ist; aber persönlich und sachlich ergab sich die denkbar größte Erleichterung durch den Verzicht auf ihn."[107] Im endgültigen Vertrag von August 1929 fehlte Heller dann als Unterzeichner. Die Parteiöffentlichkeit nahm das Erscheinen der Zeitschrift zwiespältig auf – neben politisch-ideologischen Unterschieden trug dazu sicherlich auch das gegen Ende der Weimarer Republik immer größer werdende Bedürfnis der Parteiführung nach inhaltlicher und persönlicher Geschlossenheit der Partei bei.

Heller scheint die Trennung sehr bewusst gewesen zu sein, so steuerte er nur vereinzelt Artikel zur Zeitschrift bei. Im Jahr 1931 veröffentlichte er dort einen instruktiven Text über „Ziele und Grenzen einer deutschen Verfassungsreform"[108]. Für deutsche

Sozialisten werde das Ziel jeder Verfassungsrevision durch drei undiskutierbare Richtpunkte bestimmt: durch die autoritäre Überordnung des Staates über die Gesellschaft, namentlich über die Wirtschaft, durch die demokratische Quelle der politischen Autorität und durch die bestimmten Grenzen der Autorität des Staates.[109] Als Legitimationsgrundlage der autoritären Staatsorganisation könne nur das Volk gelten. „Ein jedes Wahlrecht (…), das die Gleichheit der Wahl in Frage stellt, wird uns als unversöhnliche Gegner finden. Die Diktatur und den fascistischen (sic) Schwindel einer ‚plebiszitären Demokratie' aber bekämpfen wir, weil diese Herrschaftsformen die völlige Entmündigung des Volkes, die Unmöglichkeit jeder politischen Selbsterziehung bedeuten würden; ‚die Genialität der Führung' als Verfassungsinstitution halten wir für einen Nonsens."[110] Für Sozialisten könne es zudem nur darum gehen, auch die Arbeits- und Güterordnung der materiellen Rechtsstaatsorganisation zu unterwerfen, den liberalen in einen sozialistischen Rechtsstaat umzubauen, nicht aber den Rechtsstaat überhaupt zu beseitigen.[111]

Die genaue inhaltliche Einordnung der Zeitschrift ist in der historischen Rückschau durchaus kontrovers erfolgt, insbesondere mit Blick auf eine zum Teil unterstellte Offenheit für politische Anschlüsse in ein politisches Spektrum weiter rechts.[112] Eine solche Einordnung geht aber letztlich zu weit.[113] Deutlich wird allerdings die Suche nach Bezügen zu und die intensive Auseinandersetzung mit rechten intellektuellen Bewegungen bis hin zum „linken" Flügel des Nationalsozialismus. Zudem entwickelten sich auch auf der republiktreuen Linken u. a. mit Blick auf die empfundene Lähmung der demokratischen Institutionen sowie des wahrgenommenen zu großen Freiraums für die Feinde der Republik Sympathien für autoritärere Politikmodelle.[114] Zugleich war die fehlende Durchschlagskraft der Sozialdemokratie deutlich, daneben stand aber auch die Hoffnung auf eine neue Dynamik sozialdemokratischer Politik. Vor diesem Hintergrund zielten die „Blätter" vor allem auf eine Erneuerung der Sozialdemokratie und eine Verbreiterung ihrer Massenbasis bis hin zu außerproletarischen Schichten ab.[115]

Im Kampf für die Republik nutzte Heller zudem die „neuen Medien" seiner Zeit, vor allem das Radio. So begann im Mai 1931 im Berliner Rundfunk eine von Heller moderierte Gesprächsreihe „Studenten diskutieren". Der Jugend sollte dabei die Gelegenheit geboten werden, ihre Stellung zu wichtigen Tagesfragen zum Ausdruck zu bringen. Ein kurzer Bericht des *Vorwärts* zum ersten Abend mit dem Thema „Die Aufgaben des Volksstaates" fasst das Aufeinandertreffen eines namentlich nicht benannten sozialdemokratischen und eines ebenfalls namenlos bleibenden deutschnationalen Studenten wie folgt zusammen: „Der deutschnationale Student redete in Geistesblitzen aus Hugenberg-Leitartikeln. Führung sei ein Amt, von Gott gesetzt, wenn es der starke Mann ausübe. Hindenburgs Treue zur Verfassung ist ihm eine schmerzliche Enttäuschung. Aber er prophezeite, dass eines Tages die heutigen Führer des Staates ihre Aufgaben in die Hände eines starken Mannes legen werden, der die Leitung des unmündigen Volkes übernimmt. (…) Der sozialdemokratische Student bekannte sich zur heutigen Republik, die, wenn sie auch noch nicht unseren Staat darstelle, so doch die Grundlage zu der Entwicklung zum wahrhaften Volksstaat sei. Die Republik ist seit langem geistig vorbereitet; sie ist die natürliche Staatsform." Zu einer wirklichen Diskussion sei es aufgrund der allgemeinen Unkenntnis in außenpolitischen Fragen seitens des deutschnationalen Studenten nicht gekommen. „Das Gespräch offenbarte erschreckend die politische Unwissenheit und Anmaßung eines Teils der heutigen akademischen Jugend."[116] Als Thema weiterer Abende stand u. a. die „Reichsreform" auf dem Programm. Für den 4. Juni 1931 war ein Vortrag Hellers vor der Sozialistischen Studentenschaft, Ortsgruppe Berlin zum Thema „Jugend und Sozialismus" angekündigt. Zudem trat er als Redner auf dem „5. Sozialistischen

Studententag“ am 28. Juni 1931 in Braunschweig auf. Ferner gehörte Heller neben Gustav Radbruch und dem Wiener Gesundheitsstadtrat Julius Tandler zu den vom SPD-Parteivorstand vorgeschlagenen Mitgliedern eines Präsidiums der Sozialistischen Hochschulgemeinschaft.[117]

Die öffentlichen Auseinandersetzungen setzten Heller auch körperlich zu, sodass im Sommer 1931 sein im Krieg erlittenes Herzleiden wieder ausbrach. Für das Wintersemester 1931/32 ließ Heller sich beurlauben und zog sich in das Dorf Caputh am Schwielowsee in der Nähe von Potsdam zurück, um an einer umfassenden Staatslehre zu arbeiten. In Caputh kam es auch zum Kontakt mit Albert Einstein, der dort ein Landhaus besaß. So berichtet Einsteins Schwiegersohn Rudolf Kayser am 24. Dezember 1931 in einem Brief an den in den USA weilenden Einstein, „unser lieber Freund Heller“ habe sie besucht und dabei auch im Vertrauen von einer Denkschrift an das preußische Innenministerium zu Maßnahmen im Falle eines Rechtsputsches berichtet. Diese sei im Ministerium aus einem geschlossenen Schrank herausgestohlen worden und befinde sich nun sicherlich in den Händen der Nazis. Heller fühle sich in Deutschland nun in großer Gefahr und bäte Albert Einstein, in den USA nach Möglichkeiten für ihn zu suchen.[118]

Hellers Ambition, endlich auch einen regulären juristischen Lehrstuhl zu erhalten, wurde im Frühjahr 1932 erfüllt – allerdings wieder durch eine unmittelbare Berufung seitens des preußischen Wissenschaftsministeriums. Am 15. März 1932 wurde Heller zum Professor für öffentliches Recht an der Universität Frankfurt am Main ernannt, obwohl eine Mehrzahl der Professoren sich gegen Heller ausgesprochen hatte. Für Heller hatte sich insbesondere Hugo Sinzheimer eingesetzt, andere Fakultätsmitglieder würdigten zumindest Hellers ausgewiesene Bedeutung im Bereich der Allgemeinen Staatslehre.

„Preußenschlag"

Am 10. April 1932 wurde Paul von Hindenburg mit Unterstützung der Sozialdemokratie und der bürgerlichen Parteien gegen den nationalsozialistischen Kandidaten Adolf Hitler als Reichspräsident wiedergewählt. Die unmittelbar folgende preußische Landtagswahl am 24. April sah starke Zugewinne der NSDAP – eine Mehrheit für ein republiktreues Regierungsbündnis war nicht mehr erreichbar. Nach der Entlassung des Kabinetts Brüning durch Hindenburg wurde Franz von Papen am 1. Juni 1932 Reichskanzler. Schon bald darauf begannen Gerüchte die Runde

Preussen

contra Reich

vor dem Staatsgerichtshof

Stenogrammbericht der Verhandlungen

vor dem Staatsgerichtshof in Leipzig

vom 10. bis 14. und vom 17. Oktober 1932

Mit einem Vorwort von Ministerialdirektor Dr. Brecht

Titelblatt Stenogrammbericht der Verhandlungen Preussen contra Reich vor dem Staatsgerichtshof in Leipzig vom 10. bis 14. und vom 17. Oktober 1932 zu machen, die neue Reichsregierung wolle die preußische Regierung durch einen Reichskommissar ersetzen. Tatsächlich unterzeichnete Reichspräsident von Hindenburg bereits am 14. Juli eine entsprechende Blanko-Ermächtigung. Am 20. Juli 1932 setzte der Reichspräsident die geschäftsführende preußische Regierung unter dem Sozialdemokraten Otto Braun mittels einer Notverordnung nach Art. 48 der Weimarer Reichsverfassung ab und ernannte Reichskanzler Franz von Papen zum Reichskommissar für Preußen. Auch die übrigen Ministerien wurden Reichskommissaren unterstellt, Otto Braun und seine Regierung aus ihren Ämtern geholt. Zudem wurde eine Reihe von Grundrechten wie das Versammlungsrecht und das Streikrecht außer Kraft gesetzt. Die Reichsregierung übernahm die Kontrolle über die preußischen Sicherheitsorgane und entließ republiktreue Spitzenbeamte in Verwaltung und Polizei. Formal begründete der Reichspräsident die Notverordnung mit angeblichen Versäumnissen der preußischen Staatsregierung bei der Aufrechterhaltung von Sicherheit und Ordnung, insbesondere im Kampf gegen die Kommunistische Partei. Tatsächlich diente der Schritt aber wohl vor allem dazu, die durch Verlust der eigenen Mehrheit nach den letzten Landtagswahlen ohnehin geschwächte preußische Landesregierung abzusetzen und der Sozialdemokratie damit ihre wichtigste Bastion im Reich zu nehmen. Letztlich steht der „Preußenschlag“ so in unmittelbarem Zusammenhang mit der Ende Januar 1933 folgenden Machtübertragung an die Nationalsozialisten – gut ein halbes Jahr später. Die Parteiführung der SPD entschied sich, strikt auf legalem Weg vorzugehen und in Leipzig gegen die Notverordnung vor dem Staatsgerichtshof des Reichs zu klagen. Die Verteidigung der Republik sollte über Mehrheiten bei den für den 31. Juli angesetzten Reichstagswahlen erfolgen. Ein Antrag auf Erlass einer einstweiligen Verfügung wurde bereits wenige Tage nach dem „Preußenschlag“ zurückgewiesen. Die Verhandlung in der Hauptsache fand dann im Oktober 1932 statt. Für die klagende preußische SPD-Landtagsfraktion trat vor allem Hermann Heller vor dem Reichsgericht auf, gemeinsam mit dem Vertreter Preußens, Ministerialdirektor Arnold Brecht. Auf Seiten des Reichs gehörte der spätere Kronjurist des „Dritten Reichs“, Carl Schmitt, zu den Anwälten. Der Wortlaut des Prozesses ist dank der Mitschriften des vom SPD-Parteivorstand entsandten Stenographen Hans Prengel nahezu vollständig erhalten.

Bereits im Dezember 1932 veröffentlichte der Parteiverlag J. H. W. Dietz Nachf. eine von Brecht durchgesehene Fassung gemeinsam mit weiteren Dokumenten.[119] Die Verhandlungen in Leipzig fanden vom 10. bis zum 14. Oktober statt, am 25. Oktober veröffentlichte das Gericht sein Urteil. Neben dem „Reich“ und Preußen nahmen weitere Länder am Prozess teil, intensiv und durchaus eher auf Seiten Preußens – vor allem aus Interesse am eigenen Handlungsspielraum –, auch das Land Bayern. Neben der Frage nach den zugrundeliegenden Sachverhalten – In welcher Weise hatte sich die preußische Regierung mit den Kommunisten eingelassen? Hatte sie wirklich Schwierigkeiten, die öffentliche Sicherheit und Ordnung zu halten? – spielte vor allem die Auslegung der beiden Varianten des Notverordnungsartikels der Reichsverfassung, Art. 48 Abs. 1 und Abs. 2, eine zentrale Rolle.

Insbesondere Heller, aber auch der preußische Vertreter Dr. Brecht glichen die rechtlichen Fragen immer wieder und klar mit den vermuteten politischen Intentionen der Reichsregierung ab. So hielt Heller gegen Ende der Verhandlungen u. a. fest: „Was wir hier behaupten, das ist die Tatsache, daß politische Motive für das Vorgehen der Reichsregierung maßgebend gewesen sind, die durch die Verfassung nicht gebilligt sind. (…) Was wir behaupten, ist ein Ermessensmißbrauch, ein unsachliches Motiv der Reichsregierung. Dazu möchte ich einen für uns sehr wichtigen Beweis liefern. Wir haben behauptet, daß gewisse Vereinbarungen – ich sagte neulich ausdrücklich, nicht schriftlicher Art – zwischen einem oder einzelnen

Mitgliedern der Reichsregierung vorher oder nachdem die Reichsregierung gebildet war, mit Hitler geschlossen worden sind, Vereinbarungen, zu denen gerade die Beseitigung bestimmter Persönlichkeiten in der Preußischen Regierung gehört hat. (…) Wenn, wie das in diesem Saale von dem Vertreter der Reichsregierung gesagt wurde, die Zugehörigkeit von Regierungsmitgliedern zur Sozialdemokratischen Partei bereits einen Grund zu einer Exekution gegen ein Land geben kann, weil man die innere Unabhängigkeit von den Kommunisten nicht mehr für gewährleistet hält, dann ist die gesamte vierzehnjährige politische Erziehungsarbeit, die die deutsche Sozialdemokratie an der deutschen Arbeiterschaft vorgenommen hat, völlig umsonst gewesen. Wenn es heute überhaupt noch einen deutschen Rechtsstaat gibt, so liegt es daran, daß sich gerade die Herren Braun und Severing für ihn immer wieder eingesetzt haben und zwar oft im Gegensatz zu ihren Parteigenossen. (…) Der Rechtsstaat ist auf das ernsteste bedroht, wenn das deutsche Bürgertum sich heute auf den Standpunkt stellt, es kann kein Mitglied der Sozialdemokratie Mitglied einer Landesregierung sein (…). Und wenn weiter behauptet wird, die Möglichkeit, daß zwischen Kommunisten und Sozialdemokraten in irgend einer Zukunft einmal eine Einheitsfront gebildet werden könnte, diese Möglichkeit sei bereits ausreichend, um eine Reichsexekution gegen ein solches Land zu veranlassen, dann allerdings ist jede Art von Rechtsstaat von dieser Reichsregierung erledigt worden; denn dann bedeutet das, daß die Linke unter keinen Umständen die Möglichkeit haben soll, innerhalb des politischen Streites die gleiche Chance zu bekommen, sondern das sie jederzeit darauf gefaßt sein muss, daß gegen sie mit Gewalt, mit dem berühmten Leutnant mit zwei Mann, vorgegangen und sie aus dem verfassungsmäßigen Amt hinausgeworfen wird."[120] Seinem Widersacher Schmitt hielt er entgegen: „Ich möchte meinerseits nicht die Rede bringen auf Straßenreden, ich möchte auch nicht vom Bock als Gärtner sprechen, obschon es naheliegt, das Verhältnis gewisser Staatsrechtslehrer zur gegenwärtig geltenden Reichsverfassung so zu kennzeichnen."[121] Das Reichsgericht kam zu einem zwiespältigen Urteil. Soweit es um die Vertretung Preußens im Reichsrat ging, wurde das Mandat der Regierung Braun bestätigt. Zugleich blieb aber auch die Einsetzung des Reichskommissars und die dadurch erfolgte wesentliche Steuerung der preußischen Verwaltung durch das Reich in Kraft.

Auch Hellers Fazit des Prozesses ist aus der Rückschau betrachtet ambivalent: So trug er nach einem Bericht des *Vorwärts* auf einer Veranstaltung der *Neuen Blätter für den Sozialismus* in der Hochschule für

Politik in Berlin u.a. vor: „Drei grundsätzliche Gesichtspunkte sind zu unterscheiden, der politische, der juristische und der militärische. Die politische Grundlage des 20. Juli ist das Verlangen nach einer Restauration gegenüber 1918. Dem Zeitgeist entsprechend, will man diesem Wunsch eine demokratische Verbrämung geben. Papens Pläne sollten durch die Hitler-Bewegung demokratisch drapiert werden." In der Einschätzung Hitlers habe sich die Reichsregierung getäuscht, daher habe sie am 20. Juli zum Staatsstreich gegriffen. Dies sei aber weder eine politische noch eine juristische Lösung gewesen, sondern eine militärische. Sie habe keine neue Machtlage geschaffen, sondern nur eine Situation, die durch das Urteil des Gerichtshofs erschüttert werden konnte. Das Urteil von Leipzig sei ein glatter juristischer Sieg. „Die verzweifelte, allgemein vorherrschende Stimmung, daß die Zeiten des Rechtsstaates ja doch vorbei seien, ist gebrochen. Der Rechtsstaat hat gegen die Diktatur wieder eine Chance gewonnen. Wir stehen vor ganz großen Entscheidungen. Wir bedürfen, wenn wir eine soziale Umgestaltung wollen, der Garantien des Rechtsstaats und der Demokratie. Das zeigt auch ein Blick in die Zuchthäuser und Gefängnisse. Die Befreiung der Arbeiterklasse wird demokratisch sein oder sie wird nicht sein. Das Urteil gibt neuen Mut zum Rechtsstaat und es gibt neues Leben dem Ruf, der

nicht sterben, sondern leben wird, so lange es Menschen gibt: Freiheit! (Stürmischer Beifall)“[122].
Ob dieser von Heller vorangetragene Kampfgeist wirklich viel Widerhall fand, ist fraglich. Allgemein wird der sich auf rein legale Maßnahmen beschränkende Widerstand gegen den Preußenschlag als entscheidender Schritt zur Demoralisierung der republikanischen Linken gesehen, so der Historiker Wolfgang Benz: „Die Ereignisse des 20. Juli 1932, ihre Vorgeschichte und ihre Folgen sind auf jeden Fall das Lehrstück schlechthin für Methoden ultrakonservativer Politik zum Nutzen extremistischer Kräfte unter dem Deckmantel der ‚Staatsraison‘ – aber auch für die Ohnmacht resignierter Demokraten gegenüber leichtfertiger Gewaltanwendung und kalkuliertem Verfassungsbruch.“[123] Anders als viele Zeitgenossen nahm Heller die faschistische Bedrohung wesentlich ernster als die kommunistische Aufstandsrhetorik.[124]

Exil und Tod

Noch im Januar 1933 trat Heller öffentlich gegen die drohende Regierungsbeteiligung der Nationalsozialisten auf, etwa bei einer Veranstaltung des Republikanischen Studentenbundes in Jena.[125] Im März 1933 reiste er zu Vorträgen an der London School of

Economics sowie an der University of Oxford. Auf Rat von Freunden kehrte er nicht mehr nach Deutschland zurück, sondern nahm die Einladung des spanischen Wissenschaftlers Antonio de Luna für eine Gastprofessur in Madrid an. Heller begann, Spanisch zu lernen und hielt bereits im Sommer 1933 Vorlesungen an der Universidad Internacional in Santander. In dieser Zeit gelang auch die Ausreise von Hellers Frau und Kindern nach Spanien.

Gleichzeitig hoffte Heller auf einen Ruf nach England, wo er u. a. mit Harold Laski in intensivem persönlich-

Hermann Heller mit seinem Sohn Lukas in Santander

wissenschaftlichem Kontakt stand. Einen Ruf an die New School for Social Sciences in New York lehnte er ab, auch weil ihm die Nähe zum deutschen Sprachraum wichtig blieb.[126] „Prof. Heller war durch die Ereignisse in Deutschland aufs Tiefste erschüttert. Sie bildeten fast ausschließlich das Thema seines Denkens und seiner Gespräche. Er sah in dem, was vorging, eine Gefahr nicht nur für Deutschland, sondern für ganz Europa. (…) Es war mir schon, als Prof. Heller in London war, klar, dass die Ereignisse in Deutschland auf seinen seelischen und physischen Zustand eine tiefe Wirkung hatten. Er war nicht mehr der Mensch, den ich in Berlin gekannt hatte. Dort war er dynamisch und optimistisch gewesen. In London war er sehr aktiv, aber auch sehr nervös und leicht erschöpft. (…) Prof. Heller war nicht ein Mann, der viel von sich selbst redete. Aber für einen Menschen wie ihn, der im Lehren der deutschen Jugend eine Lebensaufgabe gesehen hatte, muss die Emigration nicht nur geistig, sondern auch physisch ein schlimmer Schlag gewesen sein."[127]

Im Frühjahr 1933 korrespondierte Heller aus dem Madrider Exil heraus intensiv mit Albert Einstein, der ihn als Mitstreiter für seinen Plan einer „Flüchtlings-Universität" mit aus Deutschland vertriebenen Professoren gewinnen wollte. In seinen Briefen zeigte sich Heller von der Idee zwar sehr angetan und

Hermann Heller mit Harold Laski in Santander, Sommer 1933

machte eigene konzeptionelle Vorschläge, zugleich hielt er sich mit Blick auf seine persönlichen Einsatzmöglichkeiten zurück, da er den Lebensunterhalt für seine Frau und deren drei Kinder sowie für seine Mutter und Schwester sicherstellen müsse. In einem Brief vom 28. April 1933 gab er seiner festen Überzeugung Ausdruck, dass „eine solche Universität, die aus den erstklassigsten Gelehrten Deutschlands bestehen könnte, eine historische Bedeutung allergrößten Umfangs besäße"[128]. In einem Schreiben vom Mai 1933 schrieb er, „daß eine solche Universität nicht nur der wirksamste Gegenschlag gegen den deutschen Antisemitismus wäre, sondern auch eine geistig-moralische Renaissance des gesamten nicht nur deutschen Judentums bedeuten könnte"[129]. Letztlich gelang Einstein und seinen Mitstreitern die Verwirklichung nicht. Einstein selbst ging später im Jahr 1933 in die USA.

Im spanischen Exil arbeitete Heller intensiv an einer wohl bereits in den Jahren zuvor begonnenen Schrift zur Staatslehre, die seine Gedanken zu Verfassung, Demokratie und sozialer Frage endlich einmal umfassend aufbereiten sollte. Staat sei kein unveränderliches Ding, so Heller, daher ginge es auch nicht um die Suche nach dem Wesen „des" Staats.[130] Der Mensch sei zudem immer Produkt und Produzent seiner Geschichte.[131] Als Soziologie sei die Staatslehre Wirklichkeitswissenschaft und nicht Geisteswissenschaft.[132] „So ist die Staatslehre in jeder Hinsicht eine soziologische Wirklichkeitswissenschaft, die den Staat als wirkliches historisches Gebilde aus dem gesellschaftlich-geschichtlichen Wirkungszusammenhang deutend verstehen und ursächlich erklären will."[133] Die Erkenntnisabsicht der Staatslehre sei auf die Beschreibung und Erklärung des Strukturgehalts der politischen Wirklichkeit gerichtet. Als rationaler Gesetzeszusammenhang sei der Staat ebenso wenig zu begreifen wie als logischer oder zeitlicher Folgezusammenhang. Zweck sei, den Staat als wirkliches, in der gesellschaftlich-geschichtlichen Welt tätiges Gebilde zu begreifen.[134] Heller nimmt dabei ausdrücklich auf Marx und Engels Bezug, wenn er schreibt, im Begriff der gesellschaftlichen Wirklichkeit seien die beiden Momente der subjektiven menschlichen Wirksamkeit und ihrer objektiven Bedingungen unlöslich miteinander verknüpft.[135] Naturalistische Staatstheorien lehnte er ab: „Eine Erklärung der totalen gesellschaftlichen Wirklichkeit aus diesen Naturbedingungen ist voraussetzungsgemäß schon deshalb ausgeschlossen, weil jene vergesellschaftenden Kräfte als konstant und allgemein gedacht werden sollen, die gesellschaftliche Wirklichkeit aber eine historisch sich wandelnde Individualität ist."[136] Spannend ist auch seine Frage, in welchem Verhältnis die staatliche Wirksamkeit des Menschen innerhalb der gesamtgesellschaftlichen Wirklichkeit, also gegenüber anderen Tätigkeitsformen des Menschen steht.[137] Religion, Kunst, Wissenschaft, Wirtschaft, Sittlichkeit, Recht fänden sich, wenn auch kaum differenziert, bei allen Völkern aller Zeiten ebenso wie Grundstrukturen von Gemeinschaft, Gesellschaft, Kirche und politischer Selbstbehauptung. „Die relativen

Hermann Heller

Gesammelte Schriften

Dritter Band

Staatslehre als politische Wissenschaft

Erste Abteilung

Schriften zur Staatslehre

Zweite Abteilung

Staatslehre

in der Bearbeitung von Gerhart Niemeyer

Bibliographie der Veröffentlichungen Hermann Hellers

von

Hans Rädle

Hermann Heller: Leben, Werk, Wirkung

von

Christoph Müller

J.C.B. Mohr (Paul Siebeck) Tübingen

Titelblatt „Gesammelte Schriften"

Eigengesetzlichkeiten dieser Gegenstandsformen gehören also unter die Kategorie der Kulturbedingungen der sich selbst setzenden gesellschaftlichen Wirklichkeit." Auch die Staatslehre sei auf eine Zerlegung des gesamtgesellschaftlichen Wirkungszusammenhangs angewiesen. Unter Rückgriff auf Georg Lukács und Karl Korsch streicht Heller die „methodisch epochemachende Tat des historischen Materialismus" heraus, „die dialektische Totalitätsanalyse der gesellschaftlichen Wirklichkeit" gewesen sei.[138]

Im Kapitel „Das Volk als Naturbildung" setzt Heller sich auch – wie schon früher – mit Rassetheorien auseinander, denen er wissenschaftliche Relevanz für die Staatstheorie nur insoweit zubilligt, als sie einen die Massen mobilisierenden Glauben erzeugten.[139] Letztlich durchbreche die Rassentheorie ihre vermeintlich naturwissenschaftlich-klaren Zuordnungen immer wieder selbst: „Damit ist aber der Zusammenhang zwischen der physischen Rasse und der angeblichen Rassenseele vollständig und ausdrücklich beseitigt, die naturwissenschaftliche Anthropologie enthüllt sich als ein rein dekoratives Beiwerk und die politische Rassenseelenlehre als ein willkürliches Phantasieprodukt. Dieses Ergebnis ist notwendig, weil Subjekt der politischen wie aller andern Kulturleistungen niemals die Rasse, sondern allenfalls das Volk ist."[140] Objektive Kriterien bezeichneten immer nur gewisse

Voraussetzungen und Möglichkeiten für einen Volkszusammenhang, der erst subjektiv aktualisiert und gelebt werden müsse, damit er Wirklichkeit werde.[141] Diese Zugehörigkeit könne sich jeder Mensch unabhängig von der Herkunft auch bewusst aneignen. Je stärker das Volk ein Bewusstsein seiner Eigenart und damit von seiner Verschiedenheit zu anderen Völkern habe, umso eher könne es „Volksgemeinschaft" und im politischen Sinne Nation werden. Dies seien aber immer nur kurze Augenblicke der Geschichte und nationale Einheit falle niemals mit der Totalität des Volkes zusammen.[142] „Die romantische Lehre von einer ursprünglichen Volksgeistsubstanz, die als Demiurg (Weltenschöpfer) aller politischen und sonstigen Kulturwirklichkeit in den Tiefen des geschichtlichen Lebens wirksam ist, findet in der empirischen Geschichte keine Stütze und gehört in das Reich schlechter Metaphysik."[143] In einer ausgebildeten Klassengesellschaft könne von einer aktionsfähigen Einhelligkeit des „nationalen Willenszusammenhangs" keine Rede sein.[144] Großes Verdienst der materialistischen Geschichtsauffassung sei, mit besonderem Nachdruck die ökonomischen Bedingungen des staatlichen Geschehens ins Bewusstsein gehoben zu haben. Zu weit gehe diese Theorie aber, wenn die politische Eigengesetzlichkeit geleugnet und sie auf die Gesetze der Ökonomie reduziert würde, dann weise sie „der Ökonomie die gleiche metaphysische und deshalb wirklichkeitswissenschaftlich nicht mehr diskutierbare Rolle zu, welche die Romantiker dem Volksgeist zugeteilt hatten"[145]. Dies führe zudem dazu, dass der Marxist der Meinung sei, dass bei Fehlen ökonomischer Klassengegensätze eine Homogenität der Lebensinteressen bestehe, sodass dann nicht mehr vom Staat gesprochen werden müsse. Es sei zwar durchaus wahrscheinlich, dass „in einer nichtkapitalistischen Gesellschaftsordnung der Antrieb zu gewissen asozialen Handlungen wesentlich verringert sein und damit die Repressionsfunktion des Staates insofern eingeschränkt werden wird".[146] Andere, nicht ökonomische Gegensätze, etwa Weltanschauungsgegensätze, würden aber vermutlich bestehen bleiben.

„Das Schicksal einer herrschenden Klasse ist deshalb besiegelt, sobald sie an ihre Rechtsgrundsätze selbst nicht glaubt und nicht mit gutem Gewissen der Meinung ist, ihre Gerechtigkeitsprinzipien hätten allgemeine, auch den Beherrschten sittlich zumutbare Verpflichtungskraft."[147] Der Staatswille schöpfe sowohl seine eigene Rechtfertigung wie auch Macht aus überpositiven Rechtsgrundsätzen. In diesem Sinne sei das Recht die ethisch notwendige Erscheinungsform des Staates. Der Staatswille sei die dialektische Einheit von Wille und Norm.[148] „Es gibt überhaupt keinen unentbehrlicheren Integrationsfaktor des Staates als

das Recht."[149] „Moralisierung wie Amoralisierung des Rechts verkennen die gegenseitige Bedingtheit von Rechtsbildung durch Macht und Machtbildung durch Recht; sie erstreben beide eine undurchführbare und unwahrhaftige Harmonisierung von Gerechtigkeit und Recht, von Legitimität und Legalität, von Normativität und Positivität. Selbst die homogenste Gesellschaft bedürfte des positiven Rechtes und damit einer es setzenden und sichernden Willensmacht."[150]
Sehr klar setzt sich Heller an vielen Stellen auch mit Theorien von Carl Schmitt auseinander. So sei dessen Freund-Feind-Unterscheidung in der Politik unbrauchbar, bestehe doch der größte Teil aller Politik in dem Bemühen, den existentiellen Freund-Feind-Konflikt zu vermeiden. Freund-Feind-Aktivismus sei schließlich für jede beliebige Prügelei kennzeichnend, führe aber eben deshalb nie zu einer spezifischen Kennzeichnung des Politischen, sondern allenfalls zu der Trivialität, dass alles Leben Kampf sei.[151] Aufgabe der Staatslehre sei es, den Staat als wirkliches einheitliches Aktionszentrum innerhalb der Vielheit wirklicher und selbstständiger, sei es einzelmenschlicher oder kollektiver Aktionszentren nachzuweisen.[152]
Die Entwicklung in Deutschland beobachtete er intensiv. So gratulierte er Carl Schmitt zu dessen Ernennung zum „Preußischen Staatsrat" mit einer

sarkastischen Postkarte, auf der es hieß „Zu der so überaus wohlverdienten Ehrung durch Herrn Minister Göring beglückwünscht Sie Hermann Heller“[153]. Am 11. September 1933 wurde Heller, der für seine Tätigkeit in Madrid bei der Frankfurter Fakultät ordnungsgemäß um unbezahlten Urlaub gebeten hatte, auf Grund des „Gesetzes zur Wiederherstellung des Berufsbeamtentums“ aus dem preußischen Staatsdienst entlassen. Am 5. Oktober 1933 schrieb er aus Madrid an den Dekan seiner Fakultät: „Durch die Zeitung erfahre ich meine endgültige Entlassung als Hochschullehrer. Es liegt mir – trotz allem – daran, die Frankfurter Fakultät nicht ohne ein Wort des Abschiedes zu verlassen. Soweit die letzten Monate oder Wochen die Überzeugung einzelner Fakultätsmitglieder gewandelt haben, bitte ich diese, mein Abschiedswort nicht auf sich beziehen zu wollen. Allen denjenigen Kollegen aber, die trotz der eingetretenen Ereignisse mir ein wohlwollendes Andenken bewahrt haben, bitte ich Sie, meinen herzlichen Gruß und Dank übermitteln zu wollen. Mein unerschütterlicher Glaube an den Geist, der allein uns über das Tierreich erhebt und unsere menschliche Würde ausmacht, gibt mir die Gewißheit, daß ich mit diesen Kollegen in Zukunft auch dann verbunden bleiben werde, wenn die äußeren Verhältnisse eine Verbindung nicht gestatten.“[154]

Hellers Gesundheitszustand verschlechterte sich zunehmend: „An der Universität Madrid begann er 1933 einen Kurs in Politischer Wissenschaft. (...) Wir waren kaum ein Dutzend Studenten. Er hielt seine Vorlesung am Nachmittag, wie ich mich zu erinnern glaube. Heller las langsam, aber ‚mit Knall', ein barbarisch ausgesprochenes und gerade gelerntes Spanisch. Eines Nachmittags schien sein Gesicht etwas mehr verfärbt als gewöhnlich. Er hatte im Gesicht einen seltsam bläulichen Schimmer. Während der Vorlesung jenes Tages hob sich die Hand beharrlich zur Herzgegend. Plötzlich unterbrach er seine interessante Vorlesung, entschuldigte sich mit einer freundlichen Geste vor den Hörern und ging hinaus. Die Assistenten begleiteten ihn zum Seminario Gonzáles Posada, wo sie ihm die erste Hilfe leisteten, die sein Gesundheitszustand erforderte. Nachdem er sich etwas erholt und lebhaft geplaudert hatte, zog er sich nach Hause zurück. Aber Heller kam in die Universität nicht mehr zurück."[155] Am Nachmittag des 5. November 1933 hatte Heller noch mit drei spanischen Kollegen über ein Kapitel seiner Staatslehre diskutiert.[156] Ein erneuter schwerer Herzanfall war dann tödlich.

Elisabeth Langgässer schrieb, nachdem sie die Nachricht von Hellers Tod erhalten hatte, an Karl Thieme: „Nun steht alles wieder auf: Sein Verständnis, seine schöpferische Intuition, die großartige Verschwendung seiner Natur, seine Hilfsbereitschaft, die sich immer mehr unternahm, als sie ausführen konnte. Ich bin sehr, sehr traurig; ich gehe seinen letzten Weg mit ihm und lasse Cordelia für ihn die Bitte um Frieden und ewiges Licht sprechen."[157] Eine dramatische Nachwirkung hatte Hellers Liaison mit Elisabeth Langgässer bedingt durch die „Rassegesetze" des „Dritten Reichs" für die gemeinsame Tochter. Langgässer hatte 1933 den katholischen Publizisten Wilhelm Hoffmann kennengelernt und später geheiratet. Aufgrund ihres vom Judentum zum Katholizismus übergetretenen Vaters als „Halbjüdin" in der NS-Diktion selbst gefährdet und u. a. aus der Reichsschrifttumskammer ausgeschlossen und mit faktischem Publikationsverbot belegt, geriet ihre Tochter Cordelia infolge der jüdischen Abstammung Hermann Hellers vollständig in die auf Vernichtung abzielenden Mühlen des NS-Regimes. Obwohl von der Erziehung her und dem eigenen Selbstverständnis als gläubige Katholikin aufgewachsen, musste Cordelia den Judenstern tragen, das Gymnasium verlassen und war vom Eintritt in die Massenorganisationen des Regimes ausgeschlossen. Die Beziehungen im Hause der Mutter werden als instabil und durch deren enorme emotionale Schwankungen sowohl mit Blick auf ihr eigenes Leben wie auch im Umgang mit ihrer Tochter beschrieben. Obwohl die Familie sich der Gefahr für die Tochter wohl zunehmend bewusst wurde, erfolgten keine Versuche einer Emigration. Ein Angebot von Karl Thieme, der inzwischen in die Schweiz emigriert war und eine Chance sah, Cordelia bei sich aufzunehmen, ließ Langgässer im Jahr 1938 verstreichen.[158] Darüber hinaus scheiterte der Versuch, Cordelia mittels einer Adoption durch eine spanische Familie dem Zugriff der deutschen Behörden zu entziehen. Im Gegenteil: Mutter und Tochter wurden zur Gestapo vorgeladen, wo ein Beamter Cordelia mit der Androhung unter Druck setzte, ihre Mutter strafrechtlich zu verfolgen, und sie so zum Wiedereintritt in die deutsche Staatsangehörigkeit und damit unter die NS-Rassegesetze zwang. 1941 musste Cordelia das Haus ihrer Familie verlassen und in ein „Judenhaus" ziehen – andernfalls hätte die Familie den Judenstern am Haus anbringen müssen. Ihre Familie traf sie seitdem nur noch zu Besuchen. Im Frühjahr 1944 wurde Cordelia zunächst in das Jüdische Krankenhaus in der Iranischen Straße gebracht, das als Sammelstelle diente, und von dort aus wenig später in das Konzentrationslager Theresienstadt deportiert. Im Oktober desselben Jahres erfolgte die weitere Deportation in das Vernichtungslager Auschwitz. Kurz vor Kriegsende gelangte Cordelia mit der Evakuierungsaktion der „Weißen Busse" des Roten Kreuzes nach

Schweden. Mit Elisabeth Langgässer nahm sie nur zurückhaltend und erst kurz vor deren Tod wieder Kontakt auf. Über ihre Erlebnisse im „Dritten Reich“ gab sie mit dem Buch „Gebranntes Kind sucht das Feuer“ ein beeindruckendes Zeugnis.[159] Als Cordelia Edvardson starb sie im Oktober 2012 in Stockholm, nachdem sie zwischenzeitlich dreißig Jahre lang als Korrespondentin für eine schwedische Zeitung in Israel gelebt und gearbeitet hatte.

Während Hellers älteste Tochter Hinde auf ein Internat in England gehen konnte, kehrte seine Frau Gertrud nach dem Tod ihres Mannes mit der Tochter Monika und dem Sohn Lukas zunächst nach Deutschland zurück, und versuchte, ihren Lebensunterhalt mit Gymnastikunterricht zu bestreiten. Bei Elsa Gindler nahm sie weiteren Tanzunterricht. Freunde versuchten, ihr finanziell zu helfen. So schrieb etwa der Soziologe Karl Mannheim im Januar 1934 aus London an den mittlerweile in Princeton lehrenden Einstein und wies auf das Schicksal Gertrud Hellers und der Kinder hin.[160] Albert Einstein antwortete Anfang Februar, dass ihm das Schicksal der Familie wohlbekannt sei.[161] Aus den Erlösen eines zuvor veranstalteten Wohltätigkeitskonzerts sandte er 300 Franken als unmittelbare Unterstützung und sagte weitere Bemühung um Hilfe zu. 1935 gelang die Übersiedlung nach England, wo Gertrud Heller-Falke während des

Kriegs und auch danach in der Rehabilitation Kranker und Verwundeter tätig war.[162] Sie starb 1984 in London.
Der Kampf der NS-Diktatur gegen den demokratischen und an Menschenrechten orientieren Geist der Weimarer Republik begann unmittelbar mit der Machtübergabe im Winter 1933. Schon bald wurde gezielt versucht, politische Gegner und als „Juden" diskriminierte Menschen mit ihren Arbeiten aus dem Wissenschaftsbetrieb zu verdrängen. Hermann Heller gehörte zu den Wissenschaftlern, die bereits auf der 1935 von der Reichsschrifttumskammer herausgegebenen „Liste 1" des „schädlichen und unerwünschten Schrifttums" aufgeführt waren. Das indizierte Werk war – bezeichnenderweise – „Sozialismus und Nation". Bibliotheken und Buchhandlungen mussten das Werk aus ihren Beständen entfernen.[163] Die Nationalsozialisten setzten in der Folge immer wieder an, vollständige Verzeichnisse aller „jüdischen" rechtswissenschaftlichen Literatur zu erstellen, ohne letztlich eine abschließende Liste vorlegen zu können.[164] Einen besonders infamen Höhepunkt der ideellen Vernichtung „jüdischer" Intellektueller organisierte Carl Schmitt im Namen der „Reichsgruppe der Hochschullehrer des Nationalsozialistischen Rechtswahrerbundes" am 3. und 4. Oktober 1936 mit der Konferenz „Die Juden in der Rechtswissenschaft" in

Berlin.[165] Auch hier stand die Forderung nach der Ausgrenzung „jüdischer Literatur", u. a. durch ein Zitierverbot, im Mittelpunkt. Mit dieser Tagung versuchte Schmitt, seine zunehmend von Seiten der SS und des SD unter Druck geratene Stellung zu festigen.[166] „Reichsrechtsführer" Hans Frank nahm allerdings nicht persönlich an der Tagung teil, ließ aber durch einen Referenten ein Grußwort verlesen, in dem er wünschte, die Tagung möge „das völlige Ende des Judentums in der deutschen Rechtswissenschaft (…) bedeuten."[167] Carl Schmitt führte zur Einführung aus: „Mit einem nur gefühlsmäßigen Antisemitismus und der allgemeinen Ablehnung einiger besonders aufdringlicher und unangenehmer jüdischer Erscheinungen ist es nicht getan; es bedarf einer erkenntnismäßig begründeten Sicherheit."[168] In den folgenden Referaten widmete sich die Tagung verschiedenen Rechtsgebieten. Deren Mehrzahl erschien zudem in der Folge auch in Form von Broschüren. Inhaltlich taten sich diese Beiträge durchaus schwer, den vermeintlich „jüdischen" Geist in rechtswissenschaftlichen Texten zu entdecken. Deutlich wird dies unter anderem in dem von Edgar Tatarin-Tarnheyden übernommenen Referat zum „Einfluss des Judentums in Staatsrecht und Staatslehre", in dem er sich umfassend mit dem Werk des maßgeblichen konservativen Rechtstheoretikers und preußischen Monarchisten Friedrich-Julius Stahl auseinandersetzt. Letztlich gelingt ihm als verbindendes Element lediglich die Behauptung, konservative Gesinnung werde von Stahl nur als Tarnung vorgeschoben: „In diesem vielfältigen verwirrenden Spiel und Gegenspiel an allen Fronten liegt die besondere Eigenart und Methode des jüdischen Eindringens in einen fremden Volkskörper. Dieses vielseitige Maskenspiel ermöglicht dem Juden, seine Ziele in jeder Tarnung zu verfolgen und macht es dem betroffenen Volk fast unmöglich, den wahren Hintergrund zu erkennen. Das Judentum in Staatsrecht und Staatslehre gibt hierfür ein hervorragendes Beispiel. Stahl-Joson, Laband, Kaufmann, Kelsen, Heller, so viele Namen, so viel verschiedene Lehren, und doch sind es immer die gleichen Juden, mögen sie nun christlich oder unchristlich, konservativ oder liberal, materialistisch oder idealistisch sein."[169] Selbst „so typische Vertreter jüdischer Mentalität wie Hans Kelsen und Hermann Heller" habe man „aus dem Auslande zu importieren" gehabt. Es sei ein Beweis gegen die „im Ausgangspunkt stets artgleiche Mentalität des Judentums", wenn die Deutsche Staatsrechtslehrervereinigung auf ihren Tagungen fast alljährlich Zeuge des „mit rein intellektualistischen Waffen geführten sophistischen Meinungsstreites zwischen Kelsen und Heller" gewesen sei.[170] Die „volkhaften Erscheinungen Staat und Recht" könnten allein „dialektisch-organisch unter

Einbeziehung biologischer und kultur-soziologischer Methoden" erfasst werden.[171]

Noch weniger schlüssig gelang Norbert Gürke die „Entlarvung" Hellers in seinem Referat zum Völkerrecht: „Am folgerichtigsten hat an den liberalen und marxistischen Staats- und Völkerrechtstheorien Hermann Heller (1891–1933) Kritik geübt. Vor allem seine Arbeit ‚Souveränität' (1927) und die aus seinem Nachlass zusammengestellte ‚Staatslehre' (1934) gehören zu den politisch klügsten, die Krise der ‚unpolitischen' Rechtswissenschaften nachweisenden Arbeiten. Daß Heller die Rasseerkenntnis als ‚einen modernen Aberglauben' hinstellte, da ‚aus den Schädeln nichts anderes herausgeholt wird, was man nicht vorher hineingelegt hat' (Staatslehre, S. 75), ist für diesen klugen Assimilationsjuden nicht verwunderlich."[172]

Hermann Heller und der soziale Rechtsstaat

Die Barbarei der NS-Diktatur verursachte nicht nur millionenfachen Tod und Leid. Sie bedeutete zugleich auch einen enormen Einschnitt in der Überlieferung und Weiterentwicklung demokratisch-sozialer Gesellschaftsorganisation. Dies betrifft auch das Denken Hermann Hellers. Persönlich-biografische Kontinuitäten von Heller in die Bundesrepublik konnten sich kaum ergeben, da Heller erst spät auf eine ordentliche Professur berufen worden und kurz darauf bereits verstorben war. Eine der wenigen persönlichen Kontinuitätslinien in die Bundesrepublik stellt Martin Drath (1902–1976) dar, der u. a. von 1951 bis 1963 als Richter des Bundesverfassungsgerichts wirkte.[173] Drath war 1926 promoviert worden und im selben Jahr auch in die SPD eingetreten. Im April 1931 wurde Drath u. a. auf Vermittlung Hellers nebenamtlicher Fakultätsassistent in Berlin und übernahm für ihn im Krankheitsfall auch Vorlesungen. Zudem wirkte er ab Oktober 1931 wie Heller auch an der Deutschen Hochschule für Politik. Nach Hellers Berufung nach Frankfurt am Main folgte ihm Drath und wurde ab Oktober 1932 hauptamtlicher Dozent an der der Universität angeschlossenen gewerkschaftsnahen „Akademie der Arbeit". Das „Gesetz zur Wiederherstellung des Berufsbeamtentums" beendete auch Draths akademische Laufbahn. Drath blieb während der NS-Herrschaft in Deutschland und wurde während des Krieges in der Militärverwaltung eingesetzt. Einen Neustart an der Universität Jena nach dem Ende des Krieges musste Drath aufgrund des zunehmenden Drucks der SED auf ehemalige Sozialdemokraten beenden. Im April 1948 verließen er und seine Frau die damalige Ostzone Richtung Westen. 1951 wurde Drath über die Vorschlagsliste des

Bundesrats in den Gründungssenat des Bundesverfassungsgerichts gewählt. Auch bedingt durch öffentliche Anfeindungen aufgrund seiner Zeit in der Ostzone wurde seine Amtszeit 1963 nicht mehr verlängert. Inhaltlich lassen sich bei Drath durchaus Anschlüsse an das Denken Hellers finden, etwa wenn er den Staat als einen Ausdruck der Selbstorganisation der Gesellschaft denkt, die insbesondere mit Blick auf die Herausforderungen der modernen Industriegesellschaft entwickelt werden muss.[174] Drath verstand seine Staatslehre ebenfalls als Sozialwissenschaft[175] und würdigte Heller öffentlich wie folgt: „Wie wenig will es besagen, daß der Mensch Heller es seinen Freunden manchmal schwer, seinen Gegnern oft leicht gemacht hat! Was heute allein wiegt, sind seine Gedanken, ist das – selbst unvollendet gebliebene – Werk. (…) Die Staats- und Rechtstheorie Hermann Hellers ist so modern wie sie vor 30 Jahren war; sie harrt noch immer ihres Abschlusses, der gewiß nur mehr durch andere und mit deren eigenen Gedanken und Methoden möglich ist, aber auf der Grundlage, die Heller selbst noch geschaffen hat."[176]

Insbesondere Wolfgang Abendroth (1906–1985) schloss explizit an Heller an.[177] Eine der wichtigsten Ursachen für den Zusammenbruch des Weimarer Staates sei es gewesen, gerade nicht den Übergang von „einer lediglich formalen zu einer sozialen Demokratie praktisch zu vollziehen."[178] Für das Grundgesetz sei der demokratische und soziale Rechtsstaat aus Art. 20 Abs. 1 und Art. 28 als Rechtsgrundsatz konstitutiv. Dieser sei gleichzeitig eine „aktuell wirksame Auslegungsregel des geltenden Verfassungs- und Gesetzesrechts"[179], an das die Rechtsprechung gebunden sei, und zugleich eine Maxime für die Fortentwicklung der Rechtsordnung. Wichtig sind in diesem Kontext etwa die Art. 14 Abs. 1 Satz 2 und Abs. 2 sowie Art. 15 des Grundgesetzes: „Durch diese Einfallstore soll dem demokratischen Staat, der nunmehr zur Gesellschaft in selbstbestimmter Aktion geworden ist, die Möglichkeit eröffnet werden, die Umformung der Wirtschafts- und Gesellschaftsordnung ohne die Schranken, die durch die Notwendigkeit von Verfassungsänderungen gebildet würden, in die eigene Hand zu nehmen."[180] Die Stellung des Sozialstaatsgedankens im Rechtsgrundsatz der demokratischen und sozialen Rechtsstaatlichkeit sei darauf angelegt, den materiellen Rechtsstaatsgedanken der Demokratie auf die Wirtschafts- und Sozialordnung und auf das kulturelle Leben auszudehnen.[181] Aufgrund des Kompromisscharakters des Grundgesetzes sei diese Auslegung nicht die einzig mögliche. Gesichert sei ein Minimum an Vorstellungen der am Kompromiss beteiligten Kräfte: „Darüber hinaus aber hatte die Proklamation dieses Rechtsgrundsatzes den Sinn, die künftige Entwicklung zur sozialen Demokratie offenzuhalten, damit sie in dem Maße verwirklicht werden kann, das die Majoritätsverhältnisse in den gesetzgebenden Körperschaften jeweils bestimmen."[182] Innerhalb der deutschen Staatsrechtslehre blieben solche umfassenden Bezüge auf Heller allerdings die Ausnahme. Das Sozialstaatspostulat des Grundgesetzes wurde meist als eine Art programmatische Grundentscheidung gewertet, aus der sich allenfalls ein sozialer Gestaltungsanspruch innerhalb der bestehenden Gesellschaftsordnung ableiten ließ.[183] Beachtenswert mit Blick auf die Schwierigkeiten der unmittelbaren Anknüpfung an Heller in verfassungsrechtlichen Fragen ist sicherlich die folgende Einordnung Christoph Möllers: „Heller entwirft eine materielle republikanische Staatstheorie, doch fehlt es seinem Werk (…) an der konkreten dogmatischen Aufbereitung politischer Konflikte, an der hermeneutischen Kopplung von Politik und Recht. So einflussreich die demokratietheoretischen und rechtspolitischen Entwürfe Hellers sind, so wenig findet sich von diesen, wenn der Jurist Heller sich professionell in der Lösung eines Rechtsproblems betätigt."[184] Unfreiwillig trenne Heller professionelle Praxis und politische Überzeugung am deutlichsten: „Das dürfte auch erklären, warum Heller zugleich der politisch meistgeliebte und der juristisch-praktisch einflussloseste

Weimarer Staatsrechtslehrer in der staatsrechtlichen Rezeption der Bundesrepublik ist."[185]

Die wissenschaftliche Schaffenszeit von Hermann Heller beschränkt sich auf gut vierzehn Jahre. Über einen klassischen juristischen Lehrstuhl konnte er letztlich nur wenige Monate verfügen. Zudem verkörperte Heller entschieden die Person eines eingreifenden Intellektuellen. Er beließ es nicht bei rechtswissenschaftlichen Fachdiskursen, sondern suchte als öffentlicher Redner und politischer Aktivist auch, seinen Beitrag zur Gestaltung und Verteidigung einer sozialen Demokratie zu leisten. Sein Engagement in der Jugendbewegung und für die Volkshochschulen war von dem Gedanken getragen, dass Demokratie kein Projekt tradierter gesellschaftlicher Eliten sein dürfe, sondern auf gleichen Gestaltungschancen aller Menschen beruhen müsse. Zugang zu Wissen und die Fähigkeit, dies in kritischer Reflexion auf die Analyse der jeweils aktuellen gesellschaftlichen Verhältnisse anzuwenden, zählten unbedingt dazu.

Mit dem Theorem des „sozialen Rechtsstaats" brachte er die materiellen Grundvoraussetzungen moderner Gesellschaften auf den Punkt. Die Frage nach der „sozialen Homogenität" als Voraussetzung ist in seiner Begrifflichkeit zwar ambivalent, trifft aber einen wichtigen Punkt: Dass eine republikanische Ordnung ihre gesellschaftliche Unterstützung verliert, wenn zu große Teile der Gesellschaft keine Möglichkeit mehr erkennen, ihre Interessen ernsthaft in die Diskussionen einbringen zu können, ist seit den Tagen Hellers immer wieder Realität geworden. Die Frage, ob Heller selbst darauf abzielte, die kapitalistische Gesellschaftsordnung vollständig zu überwinden, oder ob er auf Reformen im bestehenden Kapitalismus setzte, ist falsch gestellt. In Hellers Konzeption hatten beide Varianten Platz. Entscheidend waren für Heller die grundsätzliche Offenheit der Wirtschaftsverfassung für demokratische Gestaltung – und die Erkenntnis, dass eine funktionierende Demokratie ohne ein erhebliches Maß an sozialer Gleichheit kaum möglich sein wird. Mit Blick auf die zunehmenden Polarisierungen gegen Ende der Weimarer Republik und die unrühmliche Rolle vieler Wirtschaftsführer auf dem Weg zur Machtübergabe an die Nationalsozialisten hat sich Hellers Haltung hier zudem noch klarer in Richtung einer Position entwickelt, der zufolge die Wirtschaft demokratischer Kontrolle unterliegen muss.

Vor diesem Hintergrund erscheint es zwar zutreffend, dass Heller selbst nur wenige Beiträge zu einer weiteren fachjuristischen Operationalisierung seiner Konzepte geliefert hat. Zu beachten ist allerdings, dass Heller seine Konzepte gerade mit Blick auf die Defizite der zeitgenössischen Demokratie entwickelte –

einschließlich des Unwillens großer Teile der gesellschaftlichen und ökonomischen Eliten, sich überhaupt ernsthaft auf demokratische Aushandlungs- und Gestaltungsprozesse einzulassen. Relevanter erscheint also eher, dass Fragen der sozialen Homogenität im Sinne Hellers in der Verfassungslehre der Bundesrepublik kaum ernsthaft diskutiert wurden: „Die ungebrochene Aktualität Hermann Hellers erweist sich daran, dass alle wesentlichen in seinem Werk thematisierten Probleme in der Staatsrechtslehre wie auch in der Verfassungspraxis der Bundesrepublik zur Stunde ungelöst sind."[186] Infolgedessen ist einer Feststellung des Herausgebers von Hermann Hellers Gesammelten Schriften Christoph Müller uneingeschränkt zuzustimmen: „Unser Land ist nicht so reich an demokratischen Traditionen, dass wir auf sein Werk verzichten können."[187]

Anmerkungen

1 Hermann Heller, Staatslehre, in: ders., Gesammelte Schriften Band III, Tübingen 1992, 204.
2 Kathrin Groh, Demokratische Staatsrechtslehrer in der Weimarer Republik. Von der konstitutionellen Staatslehre zur Theorie des modernen demokratischen Verfassungsstaates, Tübingen 2010, 141.
3 Wolfgang Luthhardt, Sozialdemokratische Verfassungstheorie in der Weimarer Republik, Opladen 1986, 3.
4 Groh, Fn. 2, 11.
5 Wolfgang Abendroth, Die Funktion des Politikwissenschaftlers und Staatsrechtslehrers Hermann Heller in der Weimarer Republik und in der Bundesrepublik Deutschland, in: Christoph Müller/Ilse Staff (Hrsg.), Der soziale Rechtsstaat. Gedächtnisschrift für Hermann Heller (1891–1933), Baden-Baden 1984, 223 f.
6 Hermann Heller, Hegel und der nationale Machtstaatsgedanke in Deutschland, in: ders., Gesammelte Schriften Band I, Tübingen 1992, 96.
7 Ebd., 109.
8 Vgl. ebd., 110.
9 Vgl. Hermann Heller, Hegel und die deutsche Politik, in: ders., Gesammelte Schriften Band I, Tübingen 1992, 247.
10 Vgl. ebd., 248.
11 Ebd., 255.
12 Hier folge ich Klaus Meyer, Hermann Heller. Eine biographische Skizze, in: Müller/Staff, Fn. 5, 71 f.
13 Hermann Heller, Gestalt und Ziel der Volkshochschule, in: ders., Gesammelte Schriften Band I, Tübingen 1992, 593.
14 Hermann Heller, Volkshochschule und Parteischule, in: ders., Gesammelte Schriften Band I, Tübingen 1992, 608.

15 Hans W. Fischer, Gertrud Falke in Radierungen von Ernst Oppler, Leipzig o. J., 5 f.

16 Vgl. Meyer, Fn. 12, 75.

17 Zu Heller in Leipzig siehe auch Werner Korthaase, Heller und die Arbeiterkultur und die Erwachsenenbildung in der Weimarer Republik, in: Arbeitsgemeinschaft sozialdemokratischer Juristen, Informations-Dienst Nr. 4/Mai 1987, Dokumentation: Hermann Heller. Werkstattgespräch. Karlsruhe, den. 18. Oktober 1986, 416 ff.

18 Vgl. Rolf Sprink, Die „Leipziger Richtung“ in der Erwachsenenbildung der Weimarer Republik, Leipzig 2022, 15.

19 Ursula Apitzsch, Zum Arbeitsbegriff der Arbeiterbildung: Karl Korsch und Hermann Heller, in: Peter Alheit/Klaus Körber/Ursula Rabe-Kleberg (Hrsg.), Abschied von der Lohnarbeit? Diskussionsbeiträge zu einem erweiterten Arbeitsbegriff, Bremen 1990, 49.

20 Vgl. ebd.

21 Siehe zu Hermes, Sprink, Fn. 18, 63 ff.

22 Korthaase, Fn. 17, 406.

23 Vgl. Gertrud Hermes, Die geistige Gestalt des marxistischen Arbeiters und die Arbeiterbildungsfrage, Tübingen 1926, Einleitung.

24 Vgl. Fritz Borinski, Hermann Heller. Lehrer der Jugend und Vorkämpfer der freien Erwachsenenbildung, in: Müller/Staff, Fn. 5, 91.

25 Ebd., 92.

26 Ebd., 90 f.

27 Hermann Heller, Vom Wesen der Kultur, in: ders., Gesammelte Schriften Band I, Tübingen 1992, 425 ff.; sowie Der Sinn der Politik, ebd., 431 ff.

28 Heller, Vom Wesen der Kultur, ebd., 425.

29 Ebd., 425.
30 Ebd., 429 f.
31 Vgl. Heller, Der Sinn der Politik, Fn. 27, 433.
32 Ebd., 434.
33 Ebd., 435.
34 Ebd., 435.
35 Vgl. Borinski, Fn. 24, 97.
36 Vgl. Meyer, Fn. 12, 76 f.
37 Vgl. Hermann Heller, Grundrechte und Grundpflichten, in: ders., Gesammelte Schriften Band II, Tübingen 1992, 291.
38 Vgl. ebd., 312.
39 Vgl. ebd., 312.
40 Vgl. ebd., 312.
41 Zur Geschichte der Jungsozialisten siehe Thilo Scholle/Jan Schwarz, Wessen Welt ist die Welt? Geschichte der Jusos, Bonn 2019 sowie ders./Jan Schwarz/Ridvan Ciftci (Hrsg.), Zwischen Reformismus und Radikalismus. Jungsozialistische Programmatik in Dokumenten und Beschlüssen, Bonn 2014.
42 Franz Osterroth, Der Hofgeismarkreis der Jungsozialisten, in: Archiv für Sozialgeschichte, Band 4 1964, 546.
43 Vgl. „An die Jungsozialisten", in: Sozialistische Politik und Wirtschaft (SPW), 2. Jg., Berlin 1924. Nr. 30.
44 Hermann Heller, Sozialismus und Nation, in: ders., Gesammelte Schriften Band I, Tübingen 1992, 442.
45 Vgl. ebd., 443.
46 Vgl. ebd., 452.
47 Ebd., 453.
48 Ebd., 454.
49 Ebd., 456.
50 Ebd., 468.
51 Ebd., 496.

52 Vgl. ebd., 514 f.
53 Vgl. Hermann Heller, Staat, Nation und Sozialdemokratie, in: ders., Gesammelte Schriften Band I, Tübingen 1992, 527 ff.
54 Vgl. Korreferat von Max Adler, in: Hermann Heller, Gesammelte Schriften Band I, Tübingen 1992, 542 ff.
55 Hermann Heller, Die politischen Ideenkreise der Gegenwart, in: ders., Gesammelte Schriften Band I, Tübingen 1992, 348 f.
56 Ebd., 373 f.
57 Ebd., 407.
58 Vgl. Hermann Heller, Die Krisis der Staatslehre, in: ders., Gesammelte Schriften Band II, Tübingen 1992, 16.
59 Ebd., 23 f.
60 Ebd., 24.
61 Ebd., 28.
62 Vgl. ebd., 28.
63 Vgl. Hermann Heller, Die Souveränität, in: ders., Gesammelte Schriften Band II, Tübingen 1992, 57.
64 Hermann Heller, Der Begriff des Gesetzes in der Reichsverfassung, in: ders., Gesammelte Schriften Band II, Tübingen 1992, 203 ff.
65 Hermann Heller, Politische Demokratie und soziale Homogenität, in: ders., Gesammelte Schriften Band II, Tübingen 1992, 427.
66 Ebd., 428.
67 Vgl. ebd., 428.
68 Ebd., 430.
69 Vgl. Meyer, Fn. 12, 81.
70 Siehe etwa den Bericht von Erich Winkler, Zur Methodik der Arbeiterbildung. Eine Tagung der deutschen Arbeiterbildner in Tinz, Gewerkschafts-Archiv, Heft 2/(August) 1927, 57 ff.
71 Vgl. ebd., 67.
72 Vgl. Korthaase, Fn. 17, 408.

73 Zur Biografie Langgässers siehe etwa Frederik Hetmann, Schlafe meine Rose. Die Lebensgeschichte der Elisabeth Langgässer, Weinheim o. J.

74 Hier und im Folgenden wird der Darstellung bei Ursula El-Akramy, Wotans Rabe gefolgt. Elisabeth Langgässer, ihre Tochter Cordelia und die Feuer von Auschwitz, Frankfurt am Main 1997, 48 ff.

75 Elisabeth Hoffmann (Hrsg.), Elisabeth Langgässer. Briefe 1924–1950, Band 1, Düsseldorf 1990, Briefe Nr. 19, An Richard Knies, 28. Juli 1928, 73.

76 Ebd., Brief an Karl Thieme vom 21. September 1929, Briefe Nr. 26, 85.

77 Siehe auch Christoph Müller, Hermann Heller, Leben, Werk, Wirkung, in: Hermann Heller, Gesammelte Schriften Band III, Tübingen 1992, 434.

78 Meyer, Fn. 12, 82.

79 Vgl. Hermann Heller, Freiheit und Form in der Reichsverfassung, in: ders., Gesammelte Schriften Band II, Tübingen 1992, 373.

80 Ebd., 373.

81 Ebd., 373.

82 Vgl. ebd., 374.

83 Ebd., 374.

84 Ebd., 374.

85 Vgl. ebd., 375.

86 Ebd., 376.

87 Ebd., 377.

88 Ebd., 377.

89 Vgl. Hermann Heller, Europa und der Fascismus, in: ders., Gesammelte Schriften Band II, Tübingen 1992, 471.

90 Vgl. ebd., 476.

91 Ebd., 484.

92 Vgl. ebd., 501.

93 *Vorwärts*. Berliner Volksblatt. Zentralorgan der Sozialdemokratischen Partei Deutschlands, 28. Oktober 1930.

94 Hermann Heller, Rechtsstaat oder Diktatur?, in: ders., Gesammelte Schriften Band II, Tübingen 1992, 445.

95 Ebd., 445.

96 Ebd., 446.

97 Ebd., 448.

98 Ebd., 448 f.

99 Vgl. ebd.

100 Ebd., 450.

101 Ebd., 457.

102 Ebd., 459.

103 Ebd., 460.

104 Ebd., 461 f.

105 Ich folge hier der Darstellung bei Martin Martiny, Die Entstehung und politische Bedeutung der „Neuen Blätter für den Sozialismus" und ihres Freundeskreises, in: Vierteljahreshefte für Zeitgeschichte, Heft 3/1977, 373 ff.; siehe darüber hinaus auch: Michael Rudloff, „Diktatur als Ausnahmezustand" versus „Diktatur als System"? Totalitarismustheoretische Kontroversen in den „Neuen Blättern für den Sozialismus", in: Mike Schmeitzner (Hrsg.), Totalitarismuskritik von links, Göttingen 2007, 103 ff.

106 August Rathmann, Die Krise im deutschen Sozialismus und ihre Überwindung, abgedruckt bei Martiny, Fn. 98, 396 ff.

107 Brief Eduard Heimanns an Fritz Klatt, abgedruckt bei Martiny, Fn. 98, 405 ff.

108 Hermann Heller, Ziele und Grenzen einer deutschen Verfassungsreform, in: ders., Gesammelte Schriften Band II, Tübingen 1992, 411.

109 Vgl. ebd., 413.

110 Ebd., 415.

111 Ebd., 416.

112 Siehe zur inhaltlichen Einordnung Axel Schildt, National gestimmt, jugendbewegt und antifaschistisch – die Neuen Blätter für den Sozialismus, in: Michael Grunewald (Hrsg.) Das linke Intellektuellenmilieu in Deutschland, seine Presse und seine Netzwerke (1890–1960), Frankfurt am Main 2002, 363 ff.

113 Siehe auch ebd., 386 ff.

114 Vgl. Rudolff, Fn. 105, 106.

115 Vgl. ebd., 107.

116 Der Abend. Spätausgabe des *Vorwärts*, 22. Mai 1931.

117 Vgl. *Vorwärts*. Berliner Volksblatt. Zentralorgan der Sozialdemokratischen Partei Deutschlands, 30. Juni 1931.

118 Vgl. Rudolph Kayser an Albert Einstein, 24.12.1931, in: Michael Grüning, Ein Haus für Albert Einstein. Erinnerungen, Briefe, Dokumente, Berlin 1990, S. 378 f.

119 Preussen contra Reich vor dem Staatsgerichtshof. Stenogrammbericht der Verhandlungen vor dem Staatsgerichtshof in Leipzig vom 10. bis 14. und vom 17. Oktober 1932, Berlin 1932.

120 Ebd., 406 ff.

121 Ebd., 470.

122 *Vorwärts*. Berliner Volksblatt. Zentralorgan der Sozialdemokratischen Partei Deutschlands, 29. Oktober 1932.

123 Wolfgang Benz, Staatsstreich gegen Preußen am 20. Juli 1932, in: ders./Immanuel Geiss, Staatstreich gegen Preußen, Düsseldorf o. J., S. 10.

124 Stephan Albrecht, Rechtsstaat, autoritäre Demokratie und der europäische Faschismus: Hermann Hellers Grundlegungen einer starken Demokratie, in: Schmeitzner, Fn. 105, 84.

125 Vgl. Borinski, Fn. 24, 106 f.

126 Vgl. Meyer Fn. 12, 84 f.
127 Vgl. A. B. Elkin an Rechtsanwalt Lehmann, 29.10.1956, Nachlass Hermann Heller, Archiv der sozialen Demokratie, Friedrich-Ebert-Stiftung, Bonn.
128 Hermann Heller an Albert Einstein, 28.04.1933, The Albert Einstein Archives, Hebrew University Jerusalem.
129 Hermann Heller an Albert Einstein, Mai 1933, ebd.
130 Vgl. Heller, Staatslehre, Fn. 1, 92 f.
131 Vgl. ebd., 101.
132 Vgl. ebd., 130.
133 Ebd., 142.
134 Vgl. ebd., 161.
135 Vgl. ebd., 163.
136 Ebd., 172.
137 Vgl. ebd., 196 f.
138 Ebd., 198.
139 Vgl. ebd., 248 f.
140 Ebd., 254.
141 Vgl. ebd., 260.
142 Vgl. ebd., 262.
143 Ebd., 262.
144 Ebd., 265.
145 Ebd., 271 f.
146 Ebd., 274.
147 Ebd., 298.
148 Vgl. ebd., 298.
149 Ebd., 300.
150 Ebd., 303.
151 Vgl. ebd., 314.
152 Vgl. ebd., 340.
153 Meyer, Fn. 12, 85.

154 Hermann Heller an den Dekan der Juristischen Fakultät der Universität Frankfurt am Main, 5.10.1933, Nachlass Hermann Heller, Archiv der sozialen Demokratie, Friedrich-Ebert-Stiftung, Bonn.
155 Nach Meyer, Fn. 12, 86.
156 Vgl. ebd., 86.
157 Elisabeth Langgässer, in: Hoffmann, Fn. 75, Brief an Karl Thieme vom 12. November 1933, Nr. 104, 200.
158 Vgl. El-Akramy, Fn. 74, 71 ff.
159 Vgl. Cordelia Edvardson, Gebranntes Kind sucht das Feuer, München 1998.
160 Vgl. Karl Mannheim an Albert Einstein, 20.01.1934, The Albert Einstein Archives, Hebrew University Jerusalem.
161 Vgl. Albert Einstein an Karl Mannheim, 04.02.1934, ebd.
162 Siehe dazu Gertrud Heller-Falke, Vom Tanz zur Psychotherapie, Arbeitsgemeinschaft sozialdemokratischer Juristen, Fn. 17, 380 ff.
163 Vgl. Otmar Jung, Der literarische Judenstern. Die Indizierung der „jüdischen" Rechtsliteratur im nationalsozialistischen Deutschland, Vierteljahreshefte für Zeitgeschichte, Heft 1/2006, 28.
164 Siehe dazu etwa Christian Busse, „Eine Maske ist gefallen". Die Berliner Tagung „Das Judentum und die Rechtswissenschaft" vom 3./4. Oktober 1936, in: Kritische Justiz, Heft 4/2000, 580 ff.; Sebastian Felz, „Das Judentum in der Rechtswissenschaft. Die deutsche Rechtswissenschaft im Kampf gegen den jüdischen Geist", in: Zeitschrift für Neuere Rechtsgeschichte, Heft 1/2, 2017, 87 ff.
165 Siehe dazu etwa Jung, Fn. 163 sowie Felz, Fn. 164.
166 Vgl. Busse, Fn. 164, 584.
167 Ansprache des Reichsrechtsführers Reichsministers Dr. Frank, in: Das Judentum in der Rechtswissenschaft, 1. Die deutsche

Rechtswissenschaft im Kampf gegen den jüdischen Geist, Berlin o. J., 13.

168 Eröffnung der wissenschaftlichen Vorträge durch den Reichsgruppenwalter Staatsrat Prof. Dr. Carl Schmitt, in: Das Judentum in der Rechtswissenschaft, 1. Die deutsche Rechtswissenschaft im Kampf gegen den jüdischen Geist, Berlin o. J., 14.

169 Edgar Tatarin-Tarnheyden, Das Judentum in der Rechtswissenschaft, 5. Der Einfluss des Judentums in Staatsrecht und Staatslehre, Berlin o. J., 4.

170 Ebd., 19.

171 Ebd., 27.

172 Norbert Gürke, Das Judentum in der Rechtswissenschaft, 6. Der Einfluss jüdischer Theoretiker auf die deutsche Völkerrechtslehre, Berlin o. J., 16.

173 Siehe zu Draths verfassungsrechtlichen Positionen etwa Michael Henkel/Oliver Lembcke, Der Staat als Lebensaufgabe: Martin Drath (1902–1976), Kritische Justiz, Heft 4/2003, 445 ff.; zur Biografie folge ich der Darstellung in Martin Otto, Martin Drath (1902–1976), „Wissen Sie denn nicht, daß Drath ein Roter ist?“, in: Gerhard Lingelbach (Hrsg.), Rechtsgelehrte der Universität Jena aus vier Jahrhunderten, Jena 2012, 329 ff.

174 Siehe dazu zum Beispiel Manfred Baldus, Martin Drath (1902–1976), in: Peter Häberle/ Michael Kilian/ Heinrich Amadeus Wolff (Hrsg.) Staatsrechtslehrer des 20. Jahrhunderts, Berlin 2015, 759.

175 Siehe dazu umfassend die Beiträge in Michael Henkel/Oliver Lembcke (Hrsg.), Moderne Staatswissenschaft. Beiträge zu Leben und Werk Martin Draths, Berlin 2010, sowie hier insbesondere die Texte von Klaus Roth, Martin Drath und die Perspektive des demokratischen Sozialismus in den 1950er und 1960er Jahren, 163 ff.; sowie Christoph Müller, Das Staatsdenken von

Martin Drath in der Tradition der Weimarer Republik, 239 ff.

176 Martin Drath, Dem Gedenken an Hermann Heller, in: Geist und Tat. Monatsschrift Recht, Freiheit und Kultur, Heft 19/1964, 54.

177 Siehe zu Abendroth die Beiträge bei Andreas Fischer-Lescano/Joachim Perels/Thilo Scholle (Hrsg.), Der Staat der Klassengesellschaft. Rechts- und Sozialstaatlichkeit bei Wolfgang Abendroth, Baden-Baden 2011; sowie beispielsweise Jürgen Seifert, Demokratische Republik und Arbeiterbewegung in der Verfassungstheorie von Wolfgang Abendroth, in: Kritische Justiz, Heft 4/1985, 458 ff.

178 Wolfgang Abendroth, Zum Begriff des demokratischen und sozialen Rechtsstaates im Grundgesetz der Bundesrepublik Deutschland, in: Michael Buckmiller/Joachim Perels/Uli Schöler (Hrsg.), Gesammelte Schriften, Band 2 (1949–1955), Hannover 2010, 338.

179 Ebd.

180 Ebd., 344.

181 Vgl. ebd., 347.

182 Ebd., 355.

183 Vgl. John Philipp Thurn, Welcher Sozialstaat? Ideologie und Wissenschaftsverständnis in den Debatten der bundesdeutschen Staatsrechtslehre 1949 – 1990, Tübingen 2013.

184 Christoph Möllers, Der Methodenstreit als politischer Generationenkonflikt. Ein Angebot zur Deutung der Weimarer Staatsrechtslehre, Der Staat, Heft 3/2004, 421.

185 Ebd., 422.

186 Maus, Fn. 193, 113.

187 Müller, Fn. 77, 476.

Abbildungsnachweis

Alle Abbildungen stammen vom AdsD/Friedrich-Ebert-Stiftung.

Über den Autor

Thilo Scholle
geboren 1980, Jurastudium in Münster und Paris. Tätigkeiten als Referent in einem Landesministerium in NRW sowie beim SPD-Parteivorstand. Redaktionsmitglied der „Zeitschrift für sozialistische Politik und Wirtschaft" (spw), Mitherausgeber der Zeitschrift „Kritische Justiz". Publikationen u.a. zur Ideengeschichte der Arbeiterbewegung und zur Staatstheorie. In den „Jüdischen Miniaturen" sind von ihm erschienen: *Paul Levi. Linkssozialist – Rechtsanwalt – Reichstagsmitglied* (ISBN 978-3-95565-200-5), *Hugo Haase. Anwalt und Abgeordneter im Zentrum der Sozialdemokratie* (ISBN 978-3-95565-343-9).